河北省社会科学基金项目"省级政府权力结构对治理能力的影响效果及作用机制研究"（HB19GL049）

# 多任务环境下中间组织的调节行为研究

## ——以地方国土部门为例

崔志梅 著

**版权所有　翻印必究**

### 图书在版编目（CIP）数据

多任务环境下中间组织的调节行为研究：以地方国土部门为例/崔志梅著 . —广州：中山大学出版社，2019.9
ISBN 978-7-306-06595-7

Ⅰ. ①多… Ⅱ. ①崔… Ⅲ. ①国土资源—资源管理—研究—中国 Ⅳ. ①F129.9

中国版本图书馆 CIP 数据核字（2019）第 059739 号

DUO RENWU HUANJING XIA ZHONGJIAN ZUZHI DE TIAOJIE XINGWEI YANJIU

| 出版人：王天琪
| 策划编辑：熊锡源
| 责任编辑：张 蕊
| 封面设计：曾 斌
| 责任校对：潘弘斐
| 责任技编：何雅涛
| 出版发行：中山大学出版社
| 电　　话：编辑部 020-84111997，84113349，84111996，84110779
　　　　　发行部 020-84111998，84111981，84111160
| 地　　址：广州市新港西路 135 号
| 邮　　编：510275　　传　　真：020-84036565
| 网　　址：http://www.zsup.com.cn　E-mail：zdcbs@mail.sysu.edu.cn
| 印 刷 者：广东虎彩云印刷有限公司
| 规　　格：787mm×1092mm　1/32　7.25 印张　200 千字
| 版次印次：2019 年 9 月第 1 版　2019 年 9 月第 1 次印刷
| 定　　价：32.00 元

**如发现本书因印装质量影响阅读，请与出版社发行部联系调换**

# 内容简介

在当代中国政治运行过程中，一些重大现象稳定存在并重复再现：中央、地方关系在集权与放权的抉择中轮番交替，自上而下运动式治理整顿在不同领域去而又返，政策执行过程中的变通、共谋等循环往复。已有研究以权威体制与有效治理间的矛盾为主线，进行整体解析。但二者的矛盾存在已久，各种组织现象却呈现新的特征。如与传统在"集权—放权"两个极端间激烈震荡并由此形成的治乱循环不同，转型时期的循环往复更表现为在延缓冲击效应的同时，稳步推进国家不同治理目标的实现。再如，相较于传统的紧急动员、大张旗鼓的政治运动，当今发生于各领域的运动式治理更表现出频繁和常态化的特征，其通常编织进科层体制的日常工作节奏，以隐而不显的方式有序组织实施。最后，区别于传统僵化体制下为获得灵活性而采取的"未得到制度决定者正式准许……自行做出改变原制度中的某些部分的决策，从而推行一套经过改变的制度安排"的执行变通，法治化、规范化治理实践下的变通更体现为基于法规的策略性选择，其既受结构化因素的制约，又表现出对现有结构运作方式的改变。可见，将内容、形式各不相同的现象置于同一分析框架，可能导致对重要问题和隐秘机制的忽视。为此，本书提出以下研究问题：造成前后两种不同循环往复的原因是什么？权威体制内部又有着怎样的结构差异？驱动新权威结构的因素是如何运作的？存在哪些因果机制和作用条件？

作者借鉴组织经济学的理论成果，构建了"任务环境—权威结构—政府行为"的分析框架。研究发现：权威体制治理转型过程中，经济发展与行政科层化的多任务环境造就了可在中央、地方间灵活进行权力分配并有效实现国家自上而下激励控制的中间组织。具体而言，当经济发展成为首要任务时，其可通过法规的"变通"运作赋予地方权力经营灵活性，并从技术理性的意义上掩盖其后的权力关系；而当地方经营逻辑发展至极、对经济的平稳较快发展构成不利影响时，其则通过法规的"循规"运作致力于行政科层化目标的实现，并借助专业自主性对地方政治压力进行抵制。与此同时，作为一种激励控制系统，中间组织可通过激励强度、责任连带与自我强化机制的协同耦合，有效将"条"的行政任务转化为"块"的中心工作，进而确保权威体制下国家自上而下的支配地位。政治、行政在新权威结构内部的混同运作，在减缓循环往复冲击效应、增加不同目标逻辑转换灵活性的同时，也造成国家长期治理路径优化的困难。

本书以地方国土部门为研究对象，通过参与观察的方式对其所面对的"条""块"多重制度压力、法规运作、任务落实、权力行使进行了翔实的记录，并通过"过程—事件分析"的研究策略生动再现了流动的事实与实践性关系，从而为模型的解读提供了基础。此外，研究所开启的"中央""地方"，特别是基层政府之外新的关注视角，对于打破"垂直管理"与"属地管理"非此即彼的认知窠臼，具有重要的启示意义。

# 目　　录

**第一章　导论** ……………………………………………… 1
　第一节　问题的提出 ……………………………………… 1
　第二节　文献评估 ………………………………………… 3
　第三节　理论框架 ………………………………………… 29
　第四节　研究方法 ………………………………………… 42
　第五节　章节安排 ………………………………………… 50

**第二章　多任务环境下的治理困境及中间组织的调节功效** … 52
　第一节　国土领域的多任务环境及其治理困境 ………… 53
　第二节　中间组织的调节功效 …………………………… 60
　本章小结 …………………………………………………… 65

**第三章　中间组织对条块关系的调节** ………………………… 67
　第一节　条块关系调节的组织背景与权力关系 ………… 68
　第二节　条块关系的调节模型与经验案例 ……………… 72
　本章小结 …………………………………………………… 93

**第四章　中间组织对条条关系的调节** ………………………… 95
　第一节　条条关系调节的结构基础与权力技术 ………… 96
　第二节　条条关系的调节模型与经验案例 ……………… 102
　本章小结 …………………………………………………… 122

**第五章　中间组织对政社关系的调节** …… 124
　第一节　国家治理转型背景下社会冲突的产生及成因
　　…… 125
　第二节　政社关系调节的组织网络与权力技术 …… 129
　第三节　政社关系的调节模型与经验案例 …… 136
　本章小结 …… 149

**第六章　中间组织的调节失灵及原因** …… 151
　第一节　条块关系的调节失灵 …… 151
　第二节　条条关系的调节失灵 …… 159
　第三节　政社关系的调节失灵 …… 166
　本章小结 …… 172

**第七章　结论与讨论** …… 174
　第一节　国家治理中的循环往复 …… 175
　第二节　政府运作中的政治因素 …… 181
　第三节　权威结构中的权力分配与激励控制 …… 188

**参考文献** …… 196

**附录** …… 216

**后记** …… 219

# 第一章　导　　论

## 第一节　问题的提出

在当代中国政治运行过程中，一些重大现象稳定存在并重复再现：中央、地方关系在集权与放权的抉择中轮番交替，自上而下运动式治理整顿在不同领域去而又返，政策执行过程中的变通、共谋等循环往复。周雪光以权威体制与有效治理间的矛盾为主线，将上述诸种现象置于一个整体之中寻求解释。其认为，中央管辖权和地方治理权间的紧张和不兼容是问题的根源。"在权威体制中，这一矛盾无法得到根本解决，只能在动态中寻找某种暂时的平衡点"。① 笔者看来，权威体制根源的归结虽然不失为一个重要的观察，但二者的矛盾存在已久，各种组织现象却呈现新的特征。若以此将内容、形式各不相同的问题放在同一分析框架，则可能忽视其间的细微差别和隐秘机制。

首先，与传统在"集权—放权"两个极端间激烈震荡并由此形成的"一放就活，一活就乱，一乱就收，一收就死"的治乱循环不同，转型时期的循环往复更表现为在延缓冲击效应的同时，稳步推进国家不同治理目标的实现。其次，相较于传统的紧

---

① 周雪光：《权威体制与有效治理：当代中国国家治理的制度逻辑》，载《开放时代》2011年第10期，第67—85页。

急动员、大张旗鼓的政治运动①，当今发生于各领域的运动式治理更表现出频繁和常态化的特征，其通常编织进科层体制的日常工作节奏，以隐而不显的方式有序组织实施②。最后，区别于传统僵化体制下为获得灵活性而采取的"未得到制度决定者正式准许……自行做出改变原制度中的某些部分的决策，从而推行一套经过改变的制度安排"③的执行变通，法治化、规范化治理实践下的变通更体现为基于法规的策略性选择，其既受"条""块"结构化因素的制约，又表现出对现有结构运作方式的改变。可见，忽略现象间的细微差异，可能将许多重要问题排除在视野之外，并导致解释的遗漏和缺失。

那么，相应的追问是：造成前后两种不同循环往复的原因是什么？权威体制内部又有着怎样的结构差异？驱动新权威结构的因素是如何运作的？存在哪些因果机制和作用条件？

针对上述系列有待回答的问题，本书提出"任务环境—权威结构—政府行为"的解释框架，将诸种变化及相应行为类型置于国家治理转型背景下"经济发展"与"行政科层化"的多任务环境中予以探析，并着重对这一过程中组建的具有调节功效的中

---

① 周飞舟：《锦标赛体制》，载《社会学研究》2009 年第 3 期，第 54—77 页。
冯仕政：《中国国家运动的形成与变异：基于政体的整体性解释》，载《开放时代》2011 年第 1 期，第 73—97 页。
② 吴毅：《小城喧嚣：一个乡镇政治运作的演绎与阐释》，生活·读书·新知三联书店 2007 年版。
折晓叶、陈婴婴：《项目制的分级运作机制和治理逻辑——对"项目进村"案例的社会学分析》，载《中国社会科学》2011 年第 4 期，第 126—148 页。
狄金华：《通过运动进行治理：乡镇基层政权的治理策略——对中国中部地区麦乡"植树造林"中心工作的个案研究》，载《社会》2010 年第 3 期，第 83—106 页。
荀丽丽、包智明：《政府动员型环境政策及其地方实践——关于内蒙古 S 旗生态移民的社会学分析》，载《中国社会科学》2007 年第 5 期，第 114—128 页。
③ 制度与结构变迁研究课题组：《作为制度运作和制度变迁方式的变通》，载《中国社会科学季刊》1997 年冬季号。

间组织及其运作进行讨论。由于研究广泛借鉴组织学的理论成果，因此，以下首先对这一领域的相关文献进行评估。

## 第二节　文献评估

本节将对中国科层组织行为的相关研究进行评估。首先是经济发展单任务环境下地方政府角色、行为后果及由此导致的央地关系的简单描述，其次是在此基础上对国家治理转型背景下经济发展与行政科层化的多任务环境、组织应对及其结果进行详细梳理，最后是关于本研究的一些推进。其中，国家治理转型指的是20世纪90年代中期以来，伴随"再中央集权化"浪潮而展开的大规模行政科层化改革实践。作为推动社会建设的根本机制[1]，其使国家治理不得不在相互冲突的任务环境中寻求平衡。

### 一、单任务环境下的地方政府行为及后果

改革开放以来，为适应赶超型现代化的需要，经济发展始终是国家的首要任务。绩效合法性（Performance Legitimacy）的压力使国家能够不时打破制度和专业分际，将政治凌驾于专业之上[2]。在这一过程中，GDP的持续、快速增长被普遍认为与权威体制的

---

[1] 渠敬东、周飞舟、应星：《从总体性支配到技术治理——基于中国30年改革经验的社会学分析》，载《中国社会科学》2009年第6期，第104—127页。
[2] 冯仕政：《中国国家运动的形成与变异：基于政体的整体性解释》，载《开放时代》2011年第1期，第73—97页。

放权让利以及由此导致的地方企业化行为紧密相关。如戴慕珍认为，"分灶吃饭"的财政改革极大地激发了地方政府发展经济的积极性，进而使其表现出公司的诸多特征。这种政府与经济结合的制度形式，也因此被称为"地方政府法团主义"（Local State Corporatism）①。魏昂德则进一步从不同层级政府组织特征的差异出发，阐明了为什么低级别的基层政府有更大的动机和能力对辖区企业进行有效监控②。地方政府重要性的凸显，使央地关系发生相应改变，政府体制也因此成为解释经济增长的重要因素。如"中国特色联邦主义"（Federalism, Chinese Style）假说提出，基于行政和财政的分权化改革激发了地方政府保护市场的行为，并以"联邦主义"的可信性承诺维持了制度的持久性③。

但值得注意的是，财政分权在激励地方政府推动经济发展的同时，也造成行政性投资扩张、税收转移截留、地区封锁、贸易保护等严重问题④，不仅扰乱了经济秩序，而且极大地降低了国家的调控能力。这就使得用单纯的财政激励解释地方政府行为存

---

① Oi, Jean. Fiscal Reform and the Economic Foundation of Local State Corporatism in China. World Politics, 1992 (45): pp. 99—126.

② Walder, Andrew G. Local Governments as Industrial Firms. American Journal of Sociology, 1995 (101): pp. 263—301.

③ Montinola, G, Yingyi Qian, Berry Weingast. Federalism, Chinese Style: the Political Basis for Economic Success in China. World Politics, 1995 (48): pp. 50—81.
Qian, Yingyi, Berry Weingast. Federalism as a Commitment to Preserving Market Incentives. The Journal of Economic Perspectives, 1997 (10): p. 4.
Jin, Hehui, Yingyi Qian, Berry Weingast. Regional Decentralization and Fiscal Incentives: Federalism, Chinese Style. Journal of Public Economics, 2005 (89): pp. 1719—1742.

④ Qian, Yingyi, Berry Weingast. Federalism as a Commitment to Preserving Market Incentives. The Journal of Economic Perspectives, 1997 (10): p. 4.
Naughton, Barry. How Much Can Regional Integration Do to Unify China's Markets? Paper Presented for the Conference for Research on Economic Development and Policy Research, Stanford University, 1999.

在目标函数不清晰的问题,即随着地方利益的逐步确立,其在经济发展中的角色究竟为何?由此形成的央地关系又是如何维系的?例如,相较于戴慕珍和魏昂德的理想化描述,吕晓波则认为改革时期的地方政府行为更呈现出掠夺和寻租的取向①。怀廷通过苏南和温州模式的对比研究,予以了佐证。其认为财政改革虽然为地方政府提供了发展经济的强大激励,但这种激励所追求的目标是政府财政收入的最大化而非企业利润的最大化。因此,某种程度上损害了私有化进程所实现的经济效率②。此外,对于"中国特色联邦主义"所强调的稳定的中央—地方关系,则被认为夸大了国家的"承诺效应"③。由于权威体制的结构并未发生实质性改变,因此,下放的权力随时可以收回,即使是财政包干合同也经常被事后调整,出现"鞭打快牛"的现象④。可见,对于财政分权的激励效应以及由此形成的央地关系仍存争议。但不争的事实是,经济发展至上的单任务环境在造就"经济奇迹"的同时,也产生严重问题。

总结这一时期的研究可以发现,其主要是基于经济发展单任务环境下分权化改革对地方政府激励作用的阐述,并大多以乡镇企业为研究对象。但也正是这一路径取向,使该领域的相关工作存在以下两个严重不足:第一,缺乏对微观过程的细致分析。例

---

① Lu, X B. Booty Socialism, Bureaupreneurs, and the State in Transition: Organizational Corruption in China. Comparative Politics, 2000 (3): pp. 273—294.

② Whiting, S. Power and Wealth in Rural China: The Political Economy of Institutional Change. Cambridge: Cambridge University Press, 2001.

③ Cai, Hongbin, Daniel Treisman. Did Government Decentralization Cause China's Economic Miracle? World Politics, 2006 (58).

④ Wong, C, C. Heady, W. Woo. Fiscal Management and Economic Reform in the People's Republic of China. Hong Kong: Oxford University Press, 1995.

Ma, Jun. Intergovernmental Relations and Economic Management in China. New York: St. Martin's Press, 1997.

如，研究者大多注意到以财政包干为内容的权力下放对地方政府推动经济发展的促进作用，但对政府官员职业生涯和内部激励却鲜有意识。事实上，财政分权理论的前提是民主宪政体制下居民自由迁徙权的存在[1]。在此条件下，区域竞争的引入能够一定程度上"驯化"政府组织的自利行为[2]。但现实中，即使是财政联邦主义国家，地区间的税收竞争也不一定产生高效率和社会福利的最优化[3]，相反却可能导致腐败[4]。在这个意义上，财政分权理论的解释范围是有限的，而政府内部的激励效应则更为根本。造成对微观过程关注不足的一个重要原因是，这一时期的研究工作大多依赖长距离的观察或定量分析，官方统计资料和各种理论模型是基本工具，因此使得一些重要问题被排除在研究者的视野之外[5]。第二，因果机制阐释不足。这一时期的研究大多以乡镇企业为对象，分析地方政府的行为模式。但作为一种独特的组织形态，乡镇企业与传统体制、地方政府和乡村集体都有着千丝万缕的联系。因此，对这一组织现象的解释常导致不同机制的人为取舍。例如，相较于地方政府资源动员和政治保护作用的强调[6]，倪志伟更认为市场转型过程中地方政府和村庄集体参与其

---

[1] Tiebout, C M. A Pure Theory of Local Expenditure. Journal of Politics Economy Issue, 1956 (64).

Oates, W E. Fiscal Federalism. New York: Harcourt Brace Jovanovich, 1972.

[2] Brennan, G J, M. Buchanan. The Power to Tax: Analytical Foundations of a Fiscal Constitution. Cambridge: Cambridge University Press, 1980.

[3] Litvack, J, J. Ahmad, R. Bird. Rethinking Decentralization. Washington: World Bank, 1998.

[4] Bardhan, P. Irrigation and Cooperation: An Empirical Analysis of 48 Irrigation Communities in South India. Economic Development and Cultural Change, 2000 (48).

[5] 周雪光、赵伟：《英文文献中的中国组织现象研究》，载《社会学研究》2009年第6期，第145—186页。

[6] Walder, Andrew G. Local Governments as Industrial Firms. American Journal of Sociology, 1995 (101): pp. 263—301.

中的混合产权（Mixed Property Rights）为乡镇企业提供了适应多种需求的能力①。林南则通过对天津大邱庄的考察，进一步发现围绕关键人物所建构的稳定社会网络的组织作用②。由于各种理论都是基于现象的事后总结，因此容易造成选择性关注。这就启示我们在应用这些理论模型时，要充分意识到其前提假设和解释边界。

## 二、多任务环境下的组织应对及结果

波兰尼认为，现代社会的各种变化都是由一种"双向运动"（Double Movements）支配的，即"市场的持续扩张及这一运动遭遇的在特定方向制约其扩张的反制运动"③。由于这两种运动的驱动机制不同，因此，国家治理必须在二者的张力中艰难平衡。回顾中国的改革历程，不仅根本改变了经济社会结构，而且对国家治理结构产生重大影响。其间尽管不乏权威体制的崩溃论断④，但国家各项治理制度仍为适应经济社会变迁而不断进行着调整，并取得相应进步。这一方面表现为政府机构自身理性化程度的提高，另一方面则表现为对社会权益保障的强调。不过，不得不承认的是，由于当前的行政科层化建设并未完全脱离经济发

---

① Nee, Victor. Organizational Dynamics of Market Transition: Hybrid Forms, Property Rights, and Mixed Economy in China. Administrative Science Quarterly, 1992 (37): pp. 1—27.

② Lin, Nan. Local Market Socialism: Local Corporatism in Action in Rural China. Theory and Society. 1995 (24).

③ Polanyi, K. The Great Transformation. Boston: Beacon Press, 1957.

④ Chang, G. The Coming Collapse of China. New York: Random House, 2001.
Waldron, A. After Deng the Deluge. Foreign Affairs. 1995 (74): pp. 148—153.

展至上的经营逻辑,因此使得工具化治理技术辐射于社会各领域。以下分别就国家治理转型背景下新的任务环境特征、冲突任务要求下的组织应对策略及由此导致的行为结果逐一进行梳理。

### 1. 国家治理转型下的新任务环境特征

针对经济发展单任务环境下地方政府的行政经营、公权私用导致的严重社会问题,1994年以分税制改革为契机,国家经历了大规模的"再中央集权化"浪潮①,并以此为基础推动了经营性政府向公共服务为本的治理体系转变。法治化、规范化、技术化、标准化至此成为行政建设和监督的核心议题②。经营向治理的转变,反映的是依靠"行政吸纳政治"的方式重建转型时期公共合法性的基础,因此,其深刻改变着国家治理结构、政府行为模式及与社会的内在关联。

首先,从横向部门关系来看,如果说经济改革所催生的是一种"碎片化的权力结构",即要求各部门达成一致,任何单一机构均无凌驾于其他机构的权威③,那么,20世纪90年代中期以来的行政改革则更体现为中央权威的加强。如李侃如和奥克森伯格曾基于石化、三峡工程的个案研究提出,中央领导层可划分为最高决策中心、幕僚和智囊机构、直属部门、执行部门四大部分。每一部分都有较强的独立性,"位置决定观点"的行事逻辑常使得统一的"国家政策"难以形成④。但在其后的行政科层化

---

① 赵树凯:《基层政府:体制性冲突与治理危机》,载《人民论坛》2014年第15期,第46—51页。
② 渠敬东、周飞舟、应星:《从总体支配到技术治理——基于中国30年改革经验的社会学分析》,载《中国社会科学》2009年第6期,第104—127页。
③ Lieberthal, K, David M Lampton. Bureaucracy, Politics and Decision Making in Post-Mao China. Berkeley and Los Angeles: University of California Press, 1992.
④ Lieberthal, K, Michel Oksenberg. Policymaking in China: Leaders, Structures, and Processes. Princeton: Princeton University Press, 1988.

任务环境下，伴随工商、质监、土地管理的垂直集权，国家显然表现出更强的自主性。许慧文通过历史比较分析发现，1990年以后的地方政府机构设置越来越专业化、复杂化和全面化。其将之称为"国家的蔓延"，并据此认为一个建立在市场经济基础上的监管型国家正在形成①。王绍光对煤矿生产安全的研究也认为，法制、高效、独立的监管型政府正取代旧式管理，成为国家新的治理模式②。事实上，若从集权和建立独立机构的角度来看，新的任务环境与经济合作与发展组织（Organization for Economic Co-operation and Development）国家所倡导的改革实践存在诸多类似之处③。

其次，从纵向央地关系来看，如果说为刺激经济发展所采取的财政分权导致的是国家汲取能力下降，那么以分税制改革为契机的行政科层化建设则使国家能力得到极大增强，并由此产生新的央地互动模式。最早观察到国家财政吸取能力下降的是黄佩华。其认为经济改革以来，国有企业利润率的连续降低、非国有企业的逃避税以及由地方政府实施的政策优惠，使得财政收入占国内生产总值的比重不断下降④。王绍光和胡鞍钢基于"财政收入占国内生产总值的比重"和"中央财政收入占财政总收入的

---

① Shue, V. State Sprawl: The Regulatory State and Social Life in a Small Chinese City. In Deborah Davis, Barry Naughton, Elizabeth Perry, et al. Urban Spaces in Contemporary China: The Potential for Autonomy and Community in Post-Mao China. New York: Cambridge University Press, 1995.
② Wang, S G. Regulating Death at Coalmines: Changing Mode of Governance in China. Journal of Contemporary China, 2006 (15).
③ OECD. China in the Global Economy: Governance in China. Paris: OECD Publisher, 2005.
④ Wong, C, C. Heady, W. Woo. Fiscal Management and Economic Reform in the People's Republic of China. Hong Kong: Oxford University Press, 1995.

比重"两项指标的考察,得出相同结论①。随后的分税制改革及以此为基础实施的"项目治国"则成为"再中央集权化"的表征。根据周飞舟的研究,分税制的实施不仅有效集中了地方财力②,而且极大地推进了央地财政关系的规范化,自上而下大规模的转移支付成为体制内的突出现象③。相应地,中央—地方间的行政监督与控制随之发生改变。取代财政包干下的经济激励,此时更体现为基于人事控制权的"晋升锦标赛激励"。周黎安等通过省级官员升迁概率与 GDP 增长率关系的检验,为这一互动模式的存在提供了经验证据④。曹正汉则以"分散烧锅炉"的比喻将这种治官权与治民权分设的格局称为"上下分治的治理体制",认为其内含分散执政风险和自发调节集权程度的机制⑤。显而易见的是,新任务环境并未使得传统"行政压力型体制"发生根本改变,但却使其内在作用机制产生重要变化。由目标管理责任制所建构实施的指标体系和考评奖惩在强化技术治理的同时,有力深化了国家纵向控制力度,从而在体制内部及国家—社会间形成大范围的"责任—利益连带"关系,并产生系列复杂的影响⑥。如冉冉分析了压力型体制结构下,以指标和考核为核

---

① 王绍光、胡鞍钢:《中国国家能力报告》,牛津大学出版社1994年版。

② 周飞舟:《分税制十年:制度及其影响》,载《中国社会科学》2006年第6期,第100—115页。

③ 周飞舟:《财政资金的专项化及其问题:兼论"项目治国"》,载《社会》2012年第1期,第1—37页。

④ Li, Hongbin, Li-An Zhou. Political Turnover and Economic Performance: The Incentive Role of Personnel Control in China. Journal of Public Economics, 2005 (89): pp. 1743—1762.

⑤ 曹正汉:《中国上下分治的治理体制及其稳定机制》,载《社会学研究》2011年第1期,第1—40页。

⑥ 王汉生、王一鸽:《目标管理责任制:农村基层政权的实践逻辑》,载《社会学研究》2009年第2期,第61—92页。

心的政治激励模式导致地方政府操纵统计数据以规避与仕途升迁没有实质关联的环境治理责任①。徐勇和黄辉祥则展现了村民自治背景下,乡镇通过"目标责任制"实现对村落行政主控的基层治理实践②。可见,压力型体制进一步将央地矛盾转化为国家与社会的矛盾。

最后,从更广范围的国家社会关系来看,如果说市场化的经济改革使国家对社会的控制范围不断缩小、控制力度不断减弱③,那么,行政科层化建设则使国家对社会的控制手段逐步趋于规范化,并在某种程度上使二者体现为一种"相互建构"(Mutual Transformation)的关系④。如戴慕珍和昂格尔认为,市场经济使基层干部与农民的庇护关系更加复杂多变,从而极大地削弱了国家对农村社会的控制能力⑤。怀特对浙江萧山基层社团的考察同样发现,伴随经济改革的推进,国家与民间组织的权力关系正在发生改变。虽然后者仍缺乏独立性,但已拥有一定的自主空间⑥。而

---

① 冉冉:《"压力型体制"下的政治激励与地方环境治理》,载《经济社会体制比较》2013年第3期,第111—118页。
② 徐勇、黄辉祥:《目标责任制:行政主控型的乡村治理及绩效——以河南L乡为个案》,载《学海》2002年第1期,第10—15页。
③ 孙立平、王汉生、王思斌等:《改革以来中国社会结构的变迁》,载《中国社会科学》1994年第2期,第47—62页。
④ Migdal, J S. State in Society: Studying How States and Societies Transform and Constitute One Another. Cambridge: Cambridge University Press, 2001.
⑤ Oi, Jean. State and Peasant in Contemporary China: The Political Economy of Village Government. Berkeley: University of California Press, 1989.
Unger, J. Rich Men, Poor Men: The Making of New Classes in the Countryside. In David Goodman, Beverley Hopper. China's Quiet Revolution: New Interactions Between State and Society. New York: St. Martin's Press, 1994.
⑥ White, G. Prospects for Civil Society in China: A Case Study of Xiaoshan City. The Australian Journal of Chinese Affairs, 1993 (29).
White, G, Jude Howell, Xiaoyuan Shang. In Search of Civil Society: Market Reform and Social Change in Contemporary China. New York: Oxford University Press, 1996.

20世纪90年代以来,依法行政及对社会权益保障的强调则使国家、社会互动更呈现出平衡的趋势。如赛什对社团组织的研究发现,国家可通过法团化的手段控制社会,社会也可借助国家政策漏洞进行自我提升[1]。丁学良认为在国家、社会相互渗透的当下中国,强调二者关系模糊性和动态性的"制度双重性"是一个更合适的解释概念[2]。此外,康晓光和韩恒基于非政府组织实证研究所提出的"分类控制"则被视为对处于均衡状态的国家—社会关系进行类型学分析的有益尝试[3]。

综上所述,20世纪90年代中期以来,伴随行政科层化的治理转型,部门关系、央地关系以及国家社会关系都发生了相应转变,呈现出基于集权的系列制度化特征。其间,"块管"权力向"条管"权力的调整,央地财政关系的规范化以及国家社会互动的平衡分别使得新任务目标具有形式和实质效果。黎安友将之称为"韧性权威主义"[4],裴宜理同样认为新任务环境下国家有足够能力维持治理转型中的社会秩序[5]。而这种适应性改变,则又具体表现为冲突任务要求下科层组织的应对策略。

### 2. 冲突任务要求下的组织应对策略

行政科层化目标在强化权力规范运作的同时,促进了政府向公共服务职能的转变,"科学发展观"由此成为新的治国理念。

---

[1] Saich, T. Negotiating the State: The Development of Social Organizations in China. The China Quarterly, 2000 (161).

[2] Ding, X L. Institutional Amphibiousness and the Transition from Communism: The Case of China. British Journal of Political Science, 1994 (24).

[3] 康晓光、韩恒:《分类控制:当前中国大陆国家与社会关系研究》,载《开放时代》2008年第2期,第30—41页。

[4] Nathan, A J. Present at the Stagnation: Is China's Development Stalled? Foreign Affairs, 2006 (85).

[5] Perry, E J. Studying Chinese Politics: Farewell to Revolution. The China Journal, 2007 (57).

但实践中，由于上述合理形式依旧嵌生于以发展为目的的国家现代化进程中，因此并未完全脱离行政经营的实质①。换言之，经济发展与行政科层化的多任务环境以及经营与治理两种不同的运作逻辑，常使科层组织处于冲突之中，并由此衍生出系列应对策略。

  首先，碎片化的权力结构特征，造就冲突任务要求下部门间推诿扯皮与风险规避的行为方式。如陈家建等对妇女小额贷款政策执行情况的研究发现，目标的异质性、激励的非均衡性以及约束的差异性，使妇联、财政部门、金融管理部门以及银行机构间难以形成统一行动路径，高度分化的科层结构不仅降低了政策执行力，而且造成政策执行背离政策初衷的结果②。黄晓春和嵇欣在社会组织自主性研究中同样指出，"条""块"党群部门间的组织目标差异，导致对社会组织迥然不同的管理态度③。因此，接连不断的讨论和协调会议以及高位推动成为达成共识的基础④。在这一过程中，"工作小组"是一种重要的组织策略。根据吴晓林的研究，工作小组由于纵向上连接了"意见表达到意见综合""意见综合到政策制定""政策制定到政策实施"的中间环节，横向上连接着各个部门的行动，因此成为打破"条""块"分割，推进特定任务完成的枢纽型节点⑤。周望也认为这

---

  ① 渠敬东、周飞舟、应星：《从总体支配到技术治理——基于中国30年改革经验的社会学分析》，载《中国社会科学》2009年第6期，第104—127页。
  ② 陈家建、边慧敏、邓湘树：《科层结构与政策执行》，载《社会学研究》2013年第6期，第1—20页。
  ③ 黄晓春、嵇欣：《非协同治理与策略性应对——社会组织自主性研究的一个理论框架》，载《社会学研究》2014年第6期，第98—123页。
  ④ 贺东航、孔繁斌：《公共政策执行的中国经验》，载《中国社会科学》2011年第5期，第61—79页。
  ⑤ 吴晓林：《"小组政治"研究：内涵、功能与研究展望》，载《求实》2009年第3期，第64—69页。

种联合多个相关部门，统筹进行议程设定和政策实施的机制是中国政治运行的独特形式①。

其次，集权基础上的央地关系，造就冲突任务要求下地方执行变通、共谋等的应对策略。研究发现，现行政府晋升制度中，数量化的政绩考核机制和不断加大的激励强度，为基层政府向下属组织和个人攫取资源提供了强大的推动力②。而无法完成的任务目标和责任连带机制，则促使不同层级部门以"共谋"的方式联合应对自上而下的政策要求和监督检查③，并通过"游说""收买""拉关系"等方式寻求问题的解决④。欧博文和李连江进一步发现，基层干部可以选择性执行中央政策——对于易计量并建立严密奖惩制度的政策，执行者能够按照制定者的意图界定自身任务；而对于没有民众政治输入、难以确定成败的政策，则被无视甚至破坏⑤。戴治勇和杨晓维在执法研究中发现同样现象。但与"下管一级"的干部责任制归因不同，他们更认为执法力度和执法方式的差异化调整是执法主体根据情势变化，运用剩余执法权实现国家政治、经济、社会目标的结果⑥。此外，政策制定和执行过程的分离赋予下级部门更大的信息优势，因此，在合

---

① 周望：《中国"小组机制"研究》，天津人民出版社2010年版。
② 周雪光：《"逆向软预算约束"：一个政府行为的组织分析》，载《中国社会科学》2005年第2期，第132—143页。
③ 周雪光：《基层政府间的"共谋现象"——一个政府行为的制度逻辑》，载《开放时代》2009年第12期，第40—55页。
④ 艾云：《上下级政府间"考核检查"与"应对"过程的组织学分析：以A县"计划生育"年终考核为例》，载《社会》2011年第3期，第68—87页。
⑤ O'Brien, Kevin J, Lianjiang Li. Selective Policy Implementation in Rural China. Comparative Politics, 1999 (31): pp. 167—186.
⑥ 戴治勇、杨晓维：《间接执法成本、间接损害与选择性执法》，载《经济研究》2006年第9期，第94—102页。
戴治勇：《选择性执法》，载《法学研究》2008年第4期，第28—35页。

法性申诉和互动中其有着更大的谈判能力①，并可通过编造虚假资料、欺上瞒下不断瓦解国家的政策意图②。对此，自上而下的运动式整治成为强化中央与地方纽带、规范基层灵活性边界的重要手段。冯仕政以政体为中心，对中华人民共和国成立以来各类运动的形成和变异进行了系统分析。其认为，基于政体强烈的使命感和绩效合法性压力，国家能够不时打破制度和专业分际，形成国家运动。但由于目标置换、政治凌驾专业和异化等因素的制约，任何国家运动都不可能永续发展，长远来看也必将趋于消退③。不过，与冯仕政所认为的"非制度化、非常规化和非专业化"特征不同，周雪光更强调运动式治理模式的长久历史渊源和合法性基础，并在常规与运动双重机制的共生并存、相互作用中讨论了运动式治理的特点。其认为在当代中国，伴随卡里斯玛权威的常规化，运动式治理模式建立于稳定的正式组织之上，已成为国家治理的重要组成部分。其中，党政并存的组织结构、"又红又专"的人事制度及动员机制的日常工作节奏化，都为行政问题转化为政治问题提供了制度设施④。

最后，趋于平衡的国家、社会互动，造就了冲突任务要求下软硬兼施的权力行使方式。如孙立平和郭于华对华北 B 镇定购粮收购的研究发现，权力行使者很少使用正式规则规定的程序和惩

---

① 周雪光、练宏：《政府内部上下级部门间谈判的一个分析模型——以环境政策实施为例》，载《中国社会科学》2011 年第 5 期，第 80—96 页。

② 吴毅：《小城喧嚣：一个乡镇政治运作的演绎与阐释》，生活·读书·新知三联书店 2007 年版。
艾云：《上下级政府间"考核检查"与"应对"过程的组织学分析：以 A 县"计划生育"年终考核为例》，载《社会》2011 年第 3 期，第 68—87 页。

③ 冯仕政：《中国国家运动的形成与变异：基于政体的整体性解释》，载《开放时代》2011 年第 1 期，第 73—97 页。

④ 周雪光：《运动型治理机制：中国国家治理的制度逻辑再思考》，载《开放时代》2012 年第 9 期，第 5—125 页。

罚手段；相反，却常常借助日常生活中的"道理"、说服或强制方式，极富"人情味"地使用权力。他们认为这是转型时期专制权力衰变背景下，国家贯彻执行自身意志的重要手段①。吴毅同样发现，乡镇政府为应对国家考核，不得不采取"收买上访领袖""请客吃饭""一把钥匙开一把锁"的问题摆平术②。在这一过程中，"组织化调控"成为支撑社会转型和国家治理的关键力量③，而"拔钉子"——打压上访精英，与"开口子"——给上访者特殊政策优惠和经济补偿的张力也达到前所未有的强度④。

综上所述，转型时期冲突的任务要求造就科层组织系列的应对策略，并使权威体制表现出强大的适应能力。其间，尽管各种策略有着独特的运作场景，具体表现形式也各不相同，但若仔细探究这些行为的内在关联，则可发现其后稳定共享的制度逻辑。周雪光将之归于"权威体制"与"有效治理"间的矛盾⑤。笔者认为，从权威体制寻求根源无疑是正确的，但若以此为基础对现象进行笼统分析则可能忽视一些重要差异和隐秘机制。因为权威体制与有效治理间的矛盾存在已久，而各种组织应对策略却表现出新的特征。就此而言，治理转型背景下冲突的任务环境是一个不可忽略的变量，否则将导致解释的遗漏和缺失。

---

① 孙立平、郭于华：《"软硬兼施"：正式权力非正式运作的过程分析——华北B镇收粮的个案研究》，参见清华大学社会学系《清华社会学评论·特辑》，鹭江出版社2000年版。

② 吴毅：《小城喧嚣：一个乡镇政治运作的演绎与阐释》，生活·读书·新知三联书店2007年版。

③ 唐皇凤：《组织化调控：社会转型的中国经验》，载《江汉论坛》2012年第1期，第94—98页。

④ 应星：《大河移民上访的故事》，生活·读书·新知三联书店2001年版。

⑤ 周雪光：《权威体制与有效治理：当代中国国家治理的制度逻辑》，载《开放时代》2011年第10期，第67—85页。

### 3. 各种应对策略的行为后果

以上系列组织应对策略尽管暂时缓解了多任务环境下的治理冲突，并由此提高了权威体制的适应能力，但长远来看也引发严重后果，并使国家治理转型呈现出更大的不确定性。

首先，科层组织的各种应对策略使机构自身的理性化建设举步维艰。法治化、规范化、技术化、标准化是国家治理转型下行政建设和监督的核心议题①。但稳定、刚性的实施机制也限制了冲突任务要求下科层组织解决实际问题的能力。如分税制改革后，以"专项""项目"方式下达的转移支付尽管规范了资金用途并在财政关系上推动了行政科层化建设，但由于其合理形式依旧嵌生于经济发展至上的任务环境中，因此在基层引发系列的治理困境。周飞舟通过农村义务教育的考察，对这一影响进行了深刻揭示②。相应地，"项目打包"③与资金"挪用"④便成为实施中不可避免的应对策略。此外，作为推动县域政府权力、意志和绩效互为促进的统合机制，项目制也为地方政府占有、经营和治理辖区提供了新的制度载体⑤。显然，这些与机构的理性化要求是相悖的。在这个意义上，自我否定的制度即使再多，也无益于国家治理转型的实现。

其次，国家自上而下的运动式整治使稳定的央地关系难以实

---

① 渠敬东、周飞舟、应星：《从总体性支配到技术治理——基于中国30年改革经验的社会学分析》，载《中国社会科学》2009年第6期，第104—127页。

② 周飞舟：《财政资金的专项化及其问题：兼论"项目治国"》，载《社会》2012年第1期，第1—37页。

③ 折晓叶、陈婴婴：《项目制的分级运作机制和治理逻辑——对"项目进村"案例的社会学分析》，载《中国社会科学》2011年第4期，第126—148页。

④ 周雪光：《通往集体债务之路：政府组织、社会制度与乡村中国的公共产品供给》，载《公共行政评论》2012年第1期，第46—77页。

⑤ 折晓叶：《县域政府治理模式的新变化》，载《中国社会科学》2014年第1期，第121—139页。

现。改革开放以来，虽然中央—地方关系已大为松动，地方政府的讨价还价能力和相对自主性亦不断增强，但由于其并非权威体制在制度上的根本改变，因此下放的权力随时可以收回，中央政府始终保有最终的决定权和支配权[①]。分税制改革的实施、跨省区机构的设立以及"块管"权力向"条管"权力的调整即是有力证据。显然，这与联邦主义所强调的"可信性承诺"相去甚远。特别是国家在各领域启动的运动式整治，极大地压缩了有效的事前承诺（Pre-commitment）空间，因此为央地关系的未来发展投下更大的不确定性阴影。如荀丽丽和包智明在生态移民的实践过程中发现，我国环境政策延续了长期以来的"危机应对"和"政府直控"的动员型模式，从而使地方政府集"代理型政权经营者"和"谋利型政权经营者"于一体，极大地增加了环保目标实现的不确定性[②]。而狄金华则通过乡镇"植树造林"的事件分析，呈现了资源、体制双重约束下，基层政府对"运动"方式的权宜运用及其收效甚微的实践结果[③]。周黎安进一步将经济学中"发包制"（Subcontracting）与"雇佣制"（Employment Relations）的区分引入行政体制研究，并从行政权分配、财政与预算控制、考核监督、人员激励四个维度对二者的差异进行了系统对比。其认为虽然国家行政和经济管理体制历经了多次调整，但在央地关系上仍表现出发包制的诸多特征[④]。与此不同，周雪

---

① 周雪光：《权威体制与有效治理：当代中国国家治理的制度逻辑》，载《开放时代》2011年第10期，第67—85页。

② 荀丽丽、包智明：《政府动员型环境政策及其地方实践——关于内蒙古S旗生态移民的社会学分析》，载《中国社会科学》2007年第5期，第114—128页。

③ 狄金华：《通过运动进行治理：乡镇基层政权的治理策略——对中国中部地区麦乡"植树造林"中心工作的个案研究》，载《社会》2010年第3期，第83—106页。

④ 周黎安：《转型中的地方政府：官员激励与治理》，格致出版社2008年版。
周黎安：《再论行政发包制：对评论人的回应》，载《社会》2014年第6期，第98—113页。

光和练宏通过将目标设定权、检查验收权和激励分配权在不同层级政府重新分配,进一步拓展出高度关联型、松散关联型,与联邦制不同的治理模式,从而为央地互动提供了新的视角①。可见,在权威体制内部稳定的央地关系并不存在。

最后,非正式的权力运作技术使制度化的社会权益保障无从建立。制度化的权益保障建立于国家—社会平衡互动基础之上,并因标准一致而有着良好的公信力。但根据张静的研究,目前在我国并不存在包含确定性原则和限定的合法性声称(Restrictive Basis of Legitimate Claims)的系统,利益政治可随时进入法律过程,从而使法律事件政治化。即不是根据法律规则保障正当权益,而是根据利益竞争对规则进行权衡取舍。在这一过程中,"大数""影响力"以及对"实际情况的阐释"和"机会"是重要影响因素②。相应地,选择性提供公共物品③、政治吸纳④和利用民众"忠诚的抗议"(Loyalist Protests)⑤则成为国家维持政治

---

① 周雪光、练宏:《中国政府的治理模式:一个"控制权"理论》,载《社会学研究》2012年第5期,第69—93页。

② 张静:《土地使用规则的不确定:一个解释框架》,载《中国社会科学》2003年第1期,第113—124页。

③ De Mesquita, Bruce Bueno, George W. Downs. Development and Democracy. Foreign Affairs, 2005 (84).

④ Holbig, H. The Party and Private Entrepreneurs in PRC. In Brodsgaard, K E, Y. Zheng. Bring the Party Back in: How China Is Governed. Singapore: Marshall Cavendish International Private Lt, 2004.

Zheng, Y. Interest Representation and the Transformation of the Chinese Communist Party. In Brodsgaard, K E, Y. Zheng. Bring the Party Back in: How China is Governed. Singapore: Marshall Cavendish International Private Lt, 2004.

Dickson, Bruce J. Integrating Wealth & Power in China—The Communist Party's Embrace of the Private Sector. China Quarterly, 2007 (192).

⑤ Lorentzen, Peter L. Regularized Rioting: The Strategic Toleration of Public Protest in China. Working Paper, Department of Political Science, University of California, Berkeley, 2008.

稳定的基本策略。应该说各种非正式的权力运作技术,一方面扰乱了社会预期、降低了事前投资激励,另一方面则使公平的权益保障无法实现。正如在选择性执法中所看到的,最终受罚的更可能是那些容易暴露、执法成本低或没有与执法者建立长期"互惠"关系的主体①。基于此,怀默霆预言,缺乏成熟的制度容纳民众利益诉求,使中国未来面临来自社会的更多冲击和挑战②。

综上所述,科层组织的各种应对策略对于国家治理转型下机构自身的理性化建设、稳定的央地关系以及制度化的社会权益保障都产生系列重要影响。换言之,其在暂时增加行动灵活性的同时,又进一步置机构自身于更大的风险之中,并造成国家长期治理路径优化的困难。在这个意义上,各种应对策略的直接效果是可见的,但长远影响却是未知的。

总结这一时期的研究可以发现,随着时间的推移,该领域的相关工作取得了长足进步,这既表现在分析的深度和广度上,又表现在科学研究方法的广泛应用。而其中涌现的系列实证成果,更使中国政府运作的"黑箱"被逐步打开。概括起来,其主要存在以下优点:第一,提出系列有趣的分析概念。如碎片化权威主义(Fragmented Authoritarianism)③、晋升锦标赛④、压力型体

---

① 戴治勇:《选择性执法》,载《法学研究》2008年第4期,第28—35页。
② Whyte, M K. Chinese Social Trends: Stability or Chaos. In Shambaugh, David. Is China Unstable: Assessing the Factors. Armonk, N. Y.: M. E. Sharpe, 2000.
③ Lieberthal, K, Michel Oksenberg. Policymaking in China: Leaders, Structures, and Processes. Princeton: Princeton University Press, 1988.
Lieberthal, K, David M. Lampton. Bureaucracy, Politics and Decision Making in Post-Mao China. Berkeley and Los Angeles: University of California Press, 1992.
④ 周黎安:《中国地方官员的晋升锦标赛模式研究》,载《经济研究》2007年第7期,第36—50页。

制①、逆向软预算约束②、变通③、共谋④、行政发包制⑤、运动式治理⑥等不一而足。这些概念极大地丰富了对政府行为的认知,并有力推进了该领域的相关研究。第二,揭示了各种组织现象的内在过程。近距离田野观察方法的广泛采用,使科层组织内部的多重利益、个人职业生涯实现以及冲突任务要求下不同的组织应对策略得到生动反映,从而为深入理解权威体制的运作奠定了基础。

不过遗憾的是,尽管经验观察在不断丰富,但该领域的知识积累却没有显著进步。这主要表现在以下三个方面:第一,一些概念的严谨性有待重新评估。例如,"晋升锦标赛"强调人事任免权的集中,使上级政府得以发动基于 GDP 增长的晋升竞赛,从而将下级官员置于强激励之下⑦。这虽然可以解释地方主要行政长官的行为,但却无法应用于职能部门,因为后者的考核并非基于 GDP 增长⑧。再比如,"压力型体制"⑨阐明了基层官员被

---

① 荣敬本:《从压力型体制向民主合作制的转变:县乡两级政治体制改革》,中央编译出版社 1998 年版。
② 周雪光:《"逆向软预算约束":一个政府行为的组织分析》,载《中国社会科学》2005 年第 2 期,第 132—143 页。
③ 制度与结构变迁研究课题组:《作为制度运作和制度变迁方式的变通》,载《中国社会科学季刊》1997 年冬季号。
④ 周雪光:《基层政府间的"共谋现象"——一个政府行为的制度逻辑》,载《开放时代》2009 年第 12 期,第 40—55 页。
⑤ 周黎安:《转型中的地方政府:官员激励与治理》,格致出版社 2008 年版。
⑥ 周雪光:《运动型治理机制:中国国家治理的制度逻辑再思考》,载《开放时代》2012 年第 9 期,第 5—125 页。
⑦ 周黎安:《中国地方官员的晋升锦标赛模式研究》,载《经济研究》2007 年第 7 期,第 36—50 页。
⑧ 周黎安:《再论行政发包制:对评论人的回应》,载《社会》2014 年第 6 期,第 98—113 页。
⑨ 荣敬本:《从压力型体制向民主合作制的转变:县乡两级政治体制改革》,中央编译出版社 1998 年版。

动落实自上而下指令要求①和在制度环境压力的缝隙间寻求生存发展空间②的现状，却也与采取灵活策略规避、歪曲、弱化政策实施的图景相抵触③。至于大量关于科层组织"共谋"④ "变通"⑤ 等实践行为的研究，由于多停留于一时一地的故事描述，因此难以越树木而见森林，逆溪流而溯渊源。对于这些概念或许更应该追问的是：其解释力的约束条件是什么？微观基础何在？第二，缺乏合适的理论思路解读微观过程和内在机制。现有理论模型大多着眼于宏观层面，对解释政府行为缺乏直接实证意义。如简单将锦标赛理论应用于政治系统分析，难免失之浅陋。因为绩效考核并非是决定官员升迁的唯一因素，派系关系（Factionalism）和地方主义（Localism）同样发挥着重要影响⑥。根据练宏对环保部门年终考核过程的研究，政策执行更体现为一种"弱排名激励"——排名和努力程度不一致；逆"一票否决"；反对某些下级优势过于明显，考虑覆盖面；采取阶梯排名，弱化竞争强度。练宏认为是政治底线逻辑、激励设计逻辑、政治联盟逻辑间

---

① 赵树凯：《乡镇治理与政府制度化》，商务印书馆2011年版。
② 吴毅：《小城喧嚣：一个乡镇政治运作的演绎与阐释》，生活•读书•新知三联书店2007年版。
张静：《基层政权——乡村制度诸问题（增订本）》，上海人民出版社2007年版。
欧阳静：《运作于压力型科层制与乡土社会之间的乡镇政权——以桔镇为研究对象》，载《社会》2009年第5期，第39—63页。
③ O'Brien, Kevin J, Lianjiang Li. Selective Policy Implementation in Rural China. Comparative Politics, 1999 (31): pp. 167—186.
④ 周雪光：《基层政府间的"共谋现象"——一个政府行为的制度逻辑》，载《开放时代》2009年第12期，第40—55页。
⑤ 制度与结构变迁研究课题组：《作为制度运作和制度变迁方式的变通》，载《中国社会科学季刊》1997年冬季号。
⑥ 周飞舟：《锦标赛体制》，载《社会学研究》2009年第3期，第54—77页。

的相互作用改变了激励方向,弱化了激励设计的有效性①。可见,大而化之的抽象理论限制了对多任务环境下政府行为的准确认知。第三,不同研究间缺乏相互借鉴。关于中国科层组织的大多数研究既没有明确采用组织分析的理论工具,也没有与组织学研究文献进行有效的对话。例如,许多有关中央—地方关系的研究与组织学中的"松散关联"(Loose Coupling)分析存在类似之处②。这本可以为理解冲突任务要求下科层组织的各种应对策略提供丰富的解释,但二者却少有沟通。再比如,组织分析中的"拼凑应对"(Muddling Through)观点深刻揭示了机构间讨价还价和协商一致的特点③,但这在"碎片化权威主义"模型中却没有任何涉及。相应的结果是中国组织现象的独特性常被夸大,而不同背景下科层组织的相似性则被忽略。

## 三、本研究的一些推进

当代中国是一个由科层组织所推动的社会,正式组织的演变

---

① 练宏:《激励设计、上下级互动和政企关系》,载《公共行政评论》2013年第1期,第156—167页。

② March, J G, J. P. Olsen. Ambiguity and Choice in Organizations. Bergen: Universitetsforlaget, 1979.

Meyer, John W, Brian Rowan. Institutionalized Organizations: Formal Structure as Myth and Ceremony. American Journal of Sociology, 1977 (83): pp. 340—363.

Weick, Karl E. Educational Organizations as Loosely Coupled Systems. Administrative Science Quarterly, 1976 (21): pp. 1—19.

③ Lindblom, Charles E. The Science of "Muddling Through". Public Administration Review, 1959 (19): pp. 79—88.

Lindblom, Charles E. Still Muddling, Not Yet Through. Public Administration Review, 1979 (11): pp. 517—526.

一直处于正在进行的大规模政治、经济、社会变迁的中心①。因此，关于科层组织的研究为我们理解国家所经历的治理转型提供了一个独特的视角。应该说经过几十年的发展，该领域已涌现出系列分析概念和理论工具。但与此同时，仍存在有待发掘的主题。以下将结合本研究的推进之处，予以详细阐述。

**1. 科层组织的多任务环境研究**

科层组织总是存在于特定的任务环境中，环境为其提供了生存和发展的基本条件②。但与此同时，环境并非是单一的，其往往涉及多重任务要求及相互作用。例如，在研究经济转型对社会不平等影响时，倪志伟起初只关注到市场环境。但在进一步的讨论中，他意识到国家与市场环境的相互作用对社会分层的重要性，并据此提出混合型产权理论③。可见，对某一环境因素及作用机制的选择性关注，可能限制了理论视野，并导致与实际过程的偏差。这一点对于中国科层组织的研究尤其重要。根据傅高义的理论，中国科层组织仍旧是一种"政治官僚制"（Politicized Bureaucracy）。区别于韦伯意义上的"理性官僚制"（Rational Bureaucracy），其典型特征是将"政治与行政服务的混合贯穿于从上到下的所有科层等级"④。因此，不可退出的"政治任务"常成为驱动科层组织行为的核心要素。在这个意义上，倘若不能厘

---

① 周雪光、赵伟：《英文文献中的中国组织现象研究》，载《社会学研究》2009 年第 6 期，第 145—186 页。

② Stinchcombe, Arthur L. Social Structure and Organizations. In March J G. Handbook of Organizations. Chicago: Rand McNally, 1965.

③ Nee, Victor. Organizational Dynamics of Market Transition: Hybrid Forms, Property Rights, and Mixed Economy in China. Administrative Science Quarterly, 1992 (37): pp. 1—27.

④ Vogel Ezra, F. Political Bureaucracy: Communist China. In Cohen L J, J. P. Shpiro. Communist Systems in Comparative Perspective. New York: Anchor Press, 1974.

清相互冲突的任务要求，就无法理解各种组织现象的根源所在。

以本书所涉及的国土管理为例，粮食安全与农业的可持续发展，宏观经济的平稳运行以及社会稳定都是国家治理转型过程中需要关注的战略议题。而这与依靠对农民土地大规模征用、开发、出让及其由建筑业和房地产业兴盛所推动的城市化实践中地方的"以地生财"和"经营城市"[①] 行为有着内在冲突，其自身亦存在结构性张力。可见，实际运作中国土部门必须在复杂多样的任务环境中进行权衡取舍。长期以来，囿于单任务环境的局限，各种政策执行扭曲往往被笼统地归咎为地方的"有令不行、有禁不止"。这一简化认知，虽然有助于建立清晰的解释路径，并形成学术讨论的假设前提和问题意识，但也导致非此即彼的二元对立，并由此忽略多重的运作逻辑和实践过程。

对多任务环境的关注，绝非是将简单问题复杂化，而是强调其间的优先顺序、因果机制和作用条件。例如，在多种任务并存的情况下，何者具有优先性？这种优先性得以发生的内在机制是什么？不同时期，任务要求的优先顺序是否会发生改变？进而言之，各种优先顺序维持的条件是什么？这些问题的解答，都有赖于对科层组织任务环境的澄清，并在此基础上，分析其相互作用过程。

### 2. 对中间组织的关注

复杂多重的任务环境规定了科层组织的核心利益所在以及实现这一利益的恰当行为方式，因此成为认识各种组织现象的起点。但如同任务环境并非是一元的，科层组织自身亦存在结构差

---

[①] 周飞舟：《生财有道：土地开发和转让中的政府和农民》，载《社会学研究》2007 年第 1 期，第 49—82 页。

周飞舟：《大兴土木：土地财政与地方政府行为》，载《经济社会体制比较》2010 年第 3 期，第 77—89 页。

异。威尔逊曾根据投入、产出的可观察性,将公共科层组织分为生产型(Production)、程序型(Procedural)、工艺型(Craft)和应付型(Coping)四种类型,强调其内在的差异性与复杂性①。敦利威则根据预算构成的不同,将科层组织区分为生产机构、管制机构、转移支付机构、合同机构、控制机构、税收机构等②。威廉姆森进一步从交易费用经济学的角度对公共科层组织予以了辨析。其指出,和其他治理结构一样,公共科层组织特别适合于某些类型的交易而不适合另一些类型的交易③。以上研究共同表明,科层组织并非是"同质性"的。

长期以来,无论是改革实践还是学术研究,都将重点置于"中央""地方",特别是"基层政府"之上,而对处于中间的政府组织关注不够。一方面忽视了政府内部结构的差异性,另一方面又在某种程度上夸大了基层结构的特殊性。如"碎片化权威主义"理论是基于中央各部委关系提出的简化模型④,不能一概而论;"维控型"政权则又过分强调了运作于压力型科层制与乡土社会间的乡镇政权的独特性⑤。在这个意义上,二者都不能揭示

---

① Wilson, James Q. Bureaucracy: What Government Agencies Do and Why They Do It. New York: Basic Book, 1989.

② Dunlevy, P. Democracy, Bureaucracy and Public Choice. New York: Prentice Hall, 1992.

③ Williamson, Oliver E. Public and Private Bureaucracies: A Transaction Cost Economics Perspective. The Journal of Law, Economics & Organization, 1999 (15): pp.306—342.

④ Lieberthal, K, Michel Oksenberg. Policymaking in China: Leaders, Structures, and Processes. Princeton: Princeton University Press, 1988.

Lieberthal, K, David M. Lampton. Bureaucracy, Politics and Decision Making in Post-Mao China. Berkeley and Los Angeles: University of California Press, 1992.

⑤ 欧阳静:《"维控型"政权:多重结构中的乡镇政权特性》,载《社会》2011年第3期,第42—67页。

欧阳静:《运作于压力型科层制与乡土社会之间的乡镇政权——以桔镇为研究对象》,载《社会》2009年第5期,第39—63页。

中国政府组织的全部运作样态。也正因为如此，才需要给予中间组织应有的关注。

就本书所研究的国土部门而言，其领导干部由上一级党组（党委）集中管理；但与此同时，作为同级人民政府的工作部门，其财政预算、机构编制以及领导班子以下人员的晋升流动仍由地方管理。换言之，其真实存在于中央、地方之间，面对着来自不同方面的指令要求。冲突的任务环境形塑了国土部门独特的结构特征并由此导致各种不同的行为方式。如相较于属地管理的M型结构的经济发展优势，和垂直管理的U型结构对计划管理的强调[1]，中间组织既要在中央、地方之间有效调节垂直管理的边界，以实现不同的任务目标；又要代表国家参与到对经济、社会的总体治理中，确保自上而下的支配地位。因此，单纯的权力收放都不是解决问题的根本方法，这即是体制调整后又往往经历大规模制度回潮的重要原因。在这个意义上，忽视科层组织的结构差异，停留于单一要素的选择性干预，只会引发系列的不兼容，进而导致"理性"制度设计的非预期性结果。

### 3. 各种调节行为内在过程的分析

国家的治理转型，使政府运作不再是总体性社会下通过强大专制权力组织社会资源，进行秩序建构的方式[2]。相反，更表现

---

[1] Qian, Yingyi, Gerard Roland, Chenggang Xu. Why is China Different from Eastern Europe? Perspectives from Organization Theory. European Economic Review, 1999 (43): pp. 1085—1094.

[2] Arendt, H. The Origins of Totalitarianism. London: G. Allen & Unwin, 1958.

Townsend, J. Political Participation in Communist China. Berkeley: University of California Press, 1969.

Womack, B. Where Mao Went Wrong: Epistemology and Ideology in Mao's Leftist Politics. The Australian Journal of Chinese Affairs, 1986 (16): pp. 23—40.

Andreas, J. The Structure of Charismatic Mobilization: A Case Study of Rebellion During the Chinese Cultural Revolution. American Sociological Review, 2007 (72): pp. 434—458.

为建立于科层组织之上的"调节技术"。作为专制权力丧失、基础权力尚未确立背景下的运作方式①,各种调节行为有着稳定的因果机制和作用条件,因此成为国家治理逻辑的重要组成部分②。但现有研究对这种内部过程的关注显然是不够的。

以组织决策为例,一些研究认为其是建立在"规范上合乎情理的认同基础之上"③ 的循规行为(Rule-Following Behavior),有着常规、可测的特征④;另一些研究则发现实践中对规章制度的"变通"运作比比皆是⑤。那么,政府内部的决策过程究竟是怎样的?哪些因素影响了规章制度的运作方式?各种运作方式得以发生的作用机制又为何?对于这些问题我们仍然所知甚少。再比如,常规工作的动员实践是科层组织贯彻落实自上而下任务部署的常见方式⑥。但对于行政问题是如何脱离制度化形式转由动员机制加以实施的,以及运动式整治又是如何摒弃其异于常态的运作模式,植根于稳定组织基础之上,却缺乏深入微观层面的研

---

① 狄金华:《通过运动进行治理:乡镇基层政权的治理策略——对中国中部地区麦乡"植树造林"中心工作的个案研究》,载《社会》2010年第3期,第83—106页。
② 周雪光:《运动型治理机制:中国国家治理的制度逻辑再思考》,载《开放时代》2012年第9期,第5—125页。
③ March, J G, J. P. Olsen. Rediscovering Institutions: The Organizational Basis of Politics. New York: Free Press, 1989.
④ 周雪光:《组织规章制度与组织决策》,载《北京大学教育评论》2010年第3期,第2—23页。
⑤ 制度与结构变迁研究课题组:《作为制度运作和制度变迁方式的变通》,载《中国社会科学季刊》1997年冬季号。
⑥ 荀丽丽、包智明:《政府动员型环境政策及其地方实践——关于内蒙古S旗生态移民的社会学分析》,载《中国社会科学》2007年第5期,第114—128页。
狄金华:《通过运动进行治理:乡镇基层政权的治理策略——对中国中部地区麦乡"植树造林"中心工作的个案研究》,载《社会》2010年第3期,第83—106页。
折晓叶、陈婴婴:《项目制的分级运作机制和治理逻辑——对"项目进村"案例的社会学分析》,载《中国社会科学》2011年第4期,第126—148页。

究。此外，转型时期"软硬兼施"的权力运作方式是如何发生效用的？相应条件是什么？仍不甚了了。在这个意义上，本研究基于实地考察的个案分析，提供了深入理解各种调节行为的基础。

综上所述，本书以组织分析的视角对多任务环境下中间组织的调节行为进行了研究，尤其关注其内部过程和作用机制。通过理论逻辑和经验材料的结合，推进转型时期中国科层组织的深入理解，是本研究所期冀实现的。

## 第三节 理论框架

本书借鉴组织经济学的理论成果，构建了"任务环境—权威结构—政府行为"的分析框架。为更好地阐述这一思路，模型将讨论对象简化为"中央—中间组织—地方"。其中，中间组织特指双重领导体制下的"条"，如本书所涉及的国土部门。本书的核心观点是：国家治理转型背景下，经济发展与行政科层化的多任务环境，造就一种具有调节功效的政府机构。实践过程中，这一权威结构既作为一种权力分配系统，在中央和地方间进行着法规剩余控制权的相机分配，以灵活实现不同的任务目标；又作为一种激励控制系统，参与到对经济社会的总体治理中，确保国家自上而下的支配地位。两种功能在中间组织内部的有机结合，使"工作小组""专项整治""非正式运作"成为独特的政府行为模式。

## 一、经济发展与行政科层化：国家治理转型中的多任务环境

本书认为，经济发展始终是权威体制下国家推进赶超型现代化的首要目标，"北京共识"[①]"中国模式"[②]无不是对这一目标所引发的经济奇迹的总结与争辩。对经济发展的强调所体现的是绩效合法性机制（Performance Legitimacy），即将经济发展作为社会评价的核心。继承革命遗产，权威体制对社会改造始终抱有强烈的使命感，并把拥有与社会改造相适应的超凡禀赋作为执政合法性的基础[③]。但实践中这一基于实用理性的合法性机制也由于对社会的允诺太过具体而使国家遭受持续的压力。特别是在依靠地方实现的增长过程中，由行政经营、软预算约束、公权私用引

---

① Ramo, Joshua C. The Beijing Consensus. London: The Foreign Policy Centre, 2004.
Kennedy, Scott. The Myth of the Beijing Consensus. Journal of Contemporary China, 2010 (5): pp. 461—477.
② 郑永年：《中国模式——经验与困局》，浙江人民出版社2010年版。
姚洋：《中性政府：对转型期中国经济成功的一个解释》，载《经济评论》2009年第3期，第32—41页。
黄亚生：《"中国模式"到底有多独特》，中信出版社2011年版。
丁学良：《辩论"中国模式"》，社会科学文献出版社2011年版。
Zhao, Suisheng. The China Model: Can It Replace the Western Model of Modernization? Journal of Contemporary China, 2010 (65): pp. 419—436.
Naughton, Barry. China's Distinctive System: Can It Be a Model for Others? Journal of Contemporary China, 2010 (65): pp. 437—460.
③ 冯仕政：《中国国家运动的形成与变异：基于政体的整体性解释》，载《开放时代》2011年第1期，第73—97页。

发的矛盾更直接动摇着国家的合法性基础①。

1994年，以分税制改革为契机，国家经历了大规模的"再中央集权化"浪潮②，并在此基础上推动了行政科层化进程，经营性政府由此朝向以公共服务为本的治理体系转变③。行政科层化所体现的是国家治理转型中合法性基础的重建：一方面通过规范中央与地方关系，促进机构自身的理性化；另一方面借助对社会的权益保障，实现对地方的有效监督④。法治化、规范化、技术化、标准化，也因此成为新的合法性机制的主要内容。经营向治理的转变，反映的是以"行政吸纳政治"的方法优化行政体系结构和政府行为模式，进而改变其与经济社会诸领域的内在关系⑤。但具体运行中，以治理为目的的行政科层建设由于依旧嵌生于以发展为目的的国家现代化进程中，因此国家能够不时打破制度和专业分际，将政治凌驾于专业之上⑥。换言之，经济发展始终是处于第一位的，政府机构的理性化和社会权益保障只有在实现经济发展的首要目标中找到恰当的位置，才能有效发挥自身功能。由此看来，行政改革中的治理并未完全脱离经营的实质。相反，却由于行政权力的上收以及考核的过程化与多重化，在基层引发系列治理困境。公开的行政科层建设与隐蔽的经济发展事

---

① 周黎安：《转型中的地方政府：官员激励与治理》，格致出版社2008年版。
② 赵树凯：《基层政府：体制性冲突与治理危机》，载《人民论坛》2014年第15期，第46—51页。
③ 渠敬东、周飞舟、应星：《从总体支配到技术治理——基于中国30年改革经验的社会学分析》，载《中国社会科学》2009年第6期，第104—127页。
④ Lorentzen, Peter L. Regularized Rioting: The Strategic Toleration of Public Protest in China. University of California, Berkeley, 2008.
⑤ 渠敬东、周飞舟、应星：《从总体支配到技术治理——基于中国30年改革经验的社会学分析》，载《中国社会科学》2009年第6期，第104—127页。
⑥ 冯仕政：《中国国家运动的形成与变异：基于政体的整体性解释》，载《开放时代》2011年第1期，第73—97页。

实，由此构成国家治理转型中的多任务环境。

## 二、权力分配与激励控制：权威结构的两种功能

实践中经济发展与行政科层化的多任务冲突，要求权威结构一方面作为权力分配系统，能自动调节政府内部垂直管理的边界，以为地方的权力经营赋予不同程度的灵活性；另一方面，作为激励控制系统，能通过各种治理要素的协同耦合与相互支持，代表国家参与到对经济社会的总体治理中。以下，将对中间组织的这两种功能分别予以阐述。

### （一）权力分配

"自己直接提供服务"还是"委托另一方提供服务"的决策，涉及政府内部的权力分配和相应的垂直管理边界划分。新产权理论认为，契约的不完备赋予资产所有者剩余控制权（Residual Control Rights），即占有和处置契约规定之外的所有权力。在国家治理转型中，公开的行政科层建设与隐蔽的经济发展事实的冲突，使中间组织保有相机抉择的剩余控制权——当形势变化使经济发展成为第一要务时，其能配合地方的产业化经营实践，在技术理性的意义上获取体制本身和社会民众的认可；而当经营逻辑发展至极时，其又能有效摆脱产业化路径，自动与中央行政科层化要求保持一致。通过这种调节作用，国家有效克服了行政科层化建设中的发展困境和经济发展目标下的合法性困境。经营与治理两种逻辑，也因此得以相互沟通和塑造。

但紧接的问题是：中间组织的这种调节功能是如何实现的？

本书认为，利用法规的不确定性，实现控制权在中央与地方间的即时让渡，是调节功效发挥的关键。根据张静的研究，目前在我国并不存在包含确定性原则和限定的合法性声称（Restrictive Basis of Legitimate Claims）的系统，利益政治可随时进入法律过程，从而使法规的运作高度政治化①。这一法规运作方式体现的是相机调整机制，即根据情势变化，改变法规的控制权分配，以保证国家不同目标的实现②。具体而言，其包括"变通"与"循规"两种策略。

### 1. 中间组织的法规变通策略

变通是指"执行者在未得到制度决定者的正式准许、未通过改变制度的正式程序的情况下，自行做出改变原制度中的某些部分的决策，从而推行一套经过改变的制度安排这样一种行为"③。显然，这种情况下，中间组织是将法规的剩余控制权赋予了地方。相应地，服务于地方的行政经营并掩盖其后的权力关系是中间组织的行为准则。在这一过程中，针对情境需求所进行的法规解释、改变注意力分配而实现的特事特办，以及利用法规结构不一致所采取的灵活行为成为法规变通运作得以发生的主要机制。

### 2. 中间组织的法规循规策略

循规（Rule-Following）是指组织或成员的行为建立在正式法律规定等制度基础之上，呈现出常规性与可预测性的特征④。

---

① 张静：《土地使用规则的不确定：一个解释框架》，载《中国社会科学》2003年第1期，第113—124页。
② 杨瑞龙、周业安：《相机治理与国有企业监控》，载《中国社会科学》1998年第3期，第4—17页。
③ 制度与结构变迁研究课题组：《作为制度运作和制度变迁方式的变通》，载《中国社会科学季刊》1997年冬季号。
④ 周雪光：《组织规章制度与组织决策》，载《北京大学教育评论》2010年第3期，第2—23页。

显然，这种情况下，中间组织是将法规的剩余控制权赋予了中央。相应地，在维护自身自主性的过程中抵制地方政治压力，进而代表国家将权力经营抑制在一定范围是中间组织的行为准则。在这一过程中，借助权力层级更高的部门抵制外在干扰，利用碎片化的权力结构进行风险转移，以及运用规章制度实现自我保护是法规循规运作得以发生的主要机制。

总之，作为一种权力分配系统，中间组织根据情势变化所进行的控制权分配，灵活调整着政府内部垂直管理的边界，从而有效化解了经济发展与行政科层化在实践中的冲突。

### （二）激励控制

权威结构除作为权力分配系统，根据物质资产所有权分配划定相应的组织边界外，还是一种激励控制系统。如米尔格罗姆和罗伯茨、霍姆斯特姆等认为治理结构是由资产所有权、激励契约、任务分配和限制等要素组成的激励系统，其本质上是使交易费用最小化的组织设计和制度安排[1]。由于该理论认为各治理要素是内在一致和互补的，因此强调结构的协同耦合和系统变化。

就中间组织而言，尽管当政策形势发生变化时，其可在维护自身自主性的过程中抵制地方政治压力，但是问题的关键在于，机构如何听从上级"条"的业务指导，在不同目标及逻辑间灵活转换，进而确保国家意志得到有效贯彻执行？这涉及纵向权力

---

① Milgrom, Paul, John Roberts. Economics, Organization, and Management. Englewood Cliffs, N. J.: Prentice Hall, 1992.

Holmstrom, Bengt, Paul Milgrom. The Firm as an Incentive System. American Economic Review, 1994 (84): pp. 972—991.

Holmstrom, Bengt. Managerial Incentives Problems: A Dynamic Perspective. Review of Economic Studies, 1999 (1): pp. 169—182.

支配关系的建立。本书认为：通过激励强度、责任连带以及自我强化机制的有机配合，将"条"的行政任务转化为"块"的中心工作，进而将中央、地方间的经济承包制转化为政治承包制，并以此提高中间组织的组织地位与重要性，是确保国家自上而下组织动员有效实施的关键。具体而言，三者关系如下。

### 1. 激励强度与责任连带

激励强度机制强调奖惩的力度与风险承受能力相一致，即如果组织可以承受相应的惩罚压力，则应该提高激励强度，反之则应该降低激励强度①。国家动员模式下，激励强度的加大虽然有助于政策指令的落实，但也明显超出中间组织的能力范围。作为上级"条"的业务机关，其既缺乏决策过程中的人事、财政和行政的最终控制权②，又缺乏执行过程中基于资源网络调动的实际执行权，因此，极易引发目标替代现象（Goal Displacement）。此外，由于是以相对自主的专业知识和基本的运作程序为特征，因此某种程度上反而对大规模的政治动员构成阻碍。为此，就需要将"条"的行政任务转化为"块"的中心工作，以利用属地管理的 M 型结构在解决实际问题和应对不确定条件方面的灵活性③。而这种转化的最终实现，还需要责任连带机制的保障。

责任连带机制指将相关责任主体联结起来，纳入到统一的责

---

① Milgrom, Paul, John Roberts. Economics, Organization, and Management. Englewood Cliffs, N. J. : Prentice Hall, 1992.
Holmstrom, Bengt, Paul Milgrom. Multitask Principal-Agent Analyses: Incentive Contracts, Asset Ownership and Job Design. Journal of Law, Economics and Organization, 1991（7）.

② 赵树凯：《基层政府：体制性冲突与治理危机》，载《人民论坛》2014 年第 15 期，第 46—51 页。

③ Qian, Yingyi, Gerard Roland, Chenggang Xu. Why Is China Different from Eastern Europe? Perspectives from Organization Theory. European Economic Review, 1999（43）: pp. 1085—1094.

任利益共同体中。在这一过程中，借助政治动员和目标管理责任制所构建的奖惩体系，将不同行政层级以及同一行政层级内部相关职能部门勾连起来，形成一种"双轨并联"的制度共同体①，是确保任务按时完成的有效手段。

可见，激励强度机制和责任连带机制是相互支持的。激励强度的增大有助于加强地方领导干部对"条"的业务工作的重视程度和责任意识；而由责任连带机制所实现的多层级、多部门协同行动、联合攻坚则使得依靠加大激励强度所意欲达成的目标最终得以实现。

**2. 激励强度、责任连带与自我强化**

如前所述，通过激励强度和责任连带机制的相互促进，"条""块"之间结合为一种紧密的制度共同体。在这一过程中，"条"的职能是监督检查下级业务部门的工作开展，确保各项指标按时完成；"块"的职能是从组织、资源上保障辖区业务部门的任务落实。这就有力克服了碎片化权力结构所导致的行动困境，从而极大地提高了中间组织的行政效能。反过来，中间组织组织地位与重要性的加强以及由此取得的对成员单位考核奖惩权，则进一步推动了激励强度和责任连带机制的实施。所以，激励强度、责任连带与自我强化机制之间也是相互一致的。

总之，作为一种激励控制系统，中间组织通过各治理要素的相互耦合和支持，将中央、地方有机结合起来，进而确保了自上而下权力支配关系的实现。

---

① 王汉生、王一鸽：《目标管理责任制：农村基层政权的实践逻辑》，载《社会学研究》2009年第2期，第61—92页。

## 三、工作小组、专项整治与非正式运作：政府行为的不同模式

相互冲突的任务环境形塑了集成权力分配与激励控制的权威结构。与此同时，作为"条""块"结合转换节点的权威结构又诱发了相应的政府行为模式。以下将围绕"工作小组""专项整治""非正式运作"三种组织策略，对中间组织的不同行为予以分析。

### 1. 工作小组

工作小组，作为脱离正式等级序列的组织形式，是用以推进特定任务完成的枢纽型节点。其通常由权力层级较高的部门牵头，联合多个相关职能部门，统筹进行议程设定和政策实施[1]。

在法规剩余控制权的相机分配中，中间组织借助工作小组的组织策略实现法规运作的"变通"与"循规"。工作小组有助于法规的变通运作，原因有二：其一，由于工作小组重在"制订战略、推动变革"，而非"制订计划、维持稳定"，因此，为法规的突破性探讨提供了可能。其二，由于工作小组是意见综合基础上的"权力输出"，因此，极大地分散了单个部门的行动风险。工作小组有助于法规的循规运作，原因也有二：其一，由于工作小组纵向上连接了"意见表达到意见综合""意见综合到政策制定""政策制定到政策实施"的中间环节，横向上连接着各个部门的行动[2]，因此，运作过程中常常要求协调一致。但目标的异

---

[1] 周望：《中国"小组机制"研究》，天津人民出版社2010年版。
[2] 吴晓林：《"小组政治"研究：内涵、功能与研究展望》，载《求实》2009年第3期，第64—69页。

质性、激励的非均衡性以及约束的差异性又常使各部门难以形成统一路径①，这就促发了实施过程中的循规行为。其二，由于工作小组由权力层级较高的部门牵头，因此，有助于借助高层权威摆脱外在干扰。

可见，正是通过工作小组的组织策略，中间组织法规剩余控制权的相机分配才得以可能，并使行为最终呈现出"变通"与"循规"的特征。

**2. 专项整治**

专项整治，是为推动地区性重点、难点工作，加强领导干部重视程度和责任意识而展开的多部门协同行动、联合攻坚的组织策略。其通常采取"目标管理责任制"的形式，将任务逐级量化分解，形成一套指标体系，并辅以"责任书"在各级党政部门间层层签订②。

在自上而下的组织动员中，中间组织作为一种激励控制系统，由于整合了相互协同的治理要素，因此有效建立起纵向的权力支配关系。其间，专项整治的组织策略恰与这一权威结构相匹配。具体而言：第一，作为提高下属业务部门行动能力的综合管理办法，专项整治通常由地方党政"一把手"担任第一责任人，这就有力保障了激励强度加大下，"条"的行政任务向"块"的中心工作的转化。第二，由于通常采取"目标管理责任制"的形式，因此，专项整治在短时间内建构出大范围的"责任—利益"连带关系，进而将中央、地方间的经济承包制转化为"政

---

① 陈家建、边慧敏、邓湘树：《科层结构与政策执行》，载《社会学研究》2013年第6期，第1—20页。
② 王汉生、王一鸽：《目标管理责任制：农村基层政权的实践逻辑》，载《社会学研究》2009年第2期，第61—92页。

治承包制"①，并变相形成"一级抓一级，层层抓落实"的压力传导机制，从而极大地便利了责任连带机制的实施。第三，行动过程中，责任主体的一元化与利益连带由于降低了"条""块"之间的摩擦，提高了"条"贯彻执行自身意志的能力，因此最终实现了中间组织的自我强化。

可见，正是由于"专项整治"的组织策略与中间组织激励控制功能的相互匹配，才使得自上而下的权力支配关系得以有效建立，并使常规工作最终呈现出动员的特征。

### 3. 非正式运作

非正式运作，是指科层组织常将权力关系与人际关系融为一体，以模糊权力体系内部以及权力与社会的边界。

在沟通央地的互动中，政治功能强烈渗透于中间组织的运作过程，以致机构本身成为不同目标和逻辑转化的节点。但国家意图的贯彻执行所要解决的不仅仅是央地关系，作为更广范围的国家与社会关系的一环，其更涉及对整个社会的治理改造。其间，中间组织与地方的"共谋"，以及对社会的"软硬兼施"贯穿于各种行为的始终。

作为中央、地方决策过程与执行过程分离的结果，以及转型时期专制权力衰变背景下，中央、地方贯彻执行自身意志的必然产物②，"共谋""软硬兼施"与中间组织所处制度环境紧密相关，因此，有着广泛深厚的合法性基础，某种程度上已成为制度

---

① 王汉生、王一鸽：《目标管理责任制：农村基层政权的实践逻辑》，载《社会学研究》2009 年第 2 期，第 61—92 页。
② 孙立平、郭于华：《"软硬兼施"：正式权力非正式运作的过程分析——华北 B 镇收粮的个案研究》，参见清华大学社会学系《清华社会学评论·特辑》，鹭江出版社 2000 年版。

化的非正式行为①。

## 四、小结

图 1-1 以简化图形呈现了中间组织的调节过程。第一，作为一种权力分配系统，中间组织根据情势变化所进行的法规剩余控制权分配，灵活调整着政府内部垂直管理的边界。当经济发展成为第一要务时，其通过法规的变通运作将控制权赋予地方，并协助地方在技术理性的意义上获取体制本身和社会民众的认可。而当经营逻辑发展至极时，其又能灵活转换至行政科层化目标，通过法规的循规运作将控制权赋予中央，进而代表国家参与到对经济社会的总体治理中。在这一过程中，"工作小组"的组织策略发挥着重要作用。第二，作为一种激励控制系统，中间组织通过激励强度、责任连带和自我强化机制的相互耦合和支持，将中央、地方有效统合起来，进而确保了自上而下权力支配关系的实现。在这一过程中，"专项整治"的组织策略发挥着重要作用。

权力分配与激励控制两种功能在权威结构内部的有机结合，使中间组织这一新的权力配置有效化解了国家治理转型中经济发展与行政科层化的多任务冲突，从而使中央、地方和社会重新发生了内在关联。但是，权力分配与激励控制二者亦存在抵牾之处。具体表现为：权威结构的权力分配功能要求中间组织能根据不同目标逻辑的要求在中央、地方间灵活移动，以实现法规剩余控制权的相机分配。但权威结构下的激励控制功能却始终要求国家处于自上而下的支配地位，这就在无形中限制了中间组织的灵

---

① 周雪光：《基层政府间的"共谋现象"——一个政府行为的制度逻辑》，载《开放时代》2009 年第 12 期，第 40—55 页。

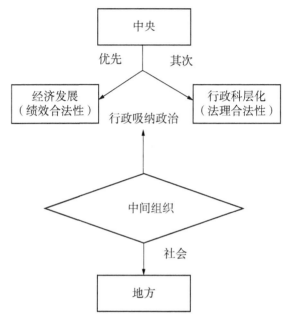

图1-1 中间组织的调节过程

活性。可见,功能冲突使权威结构困缚于内在张力之中。只是由于大多数情况下,经济发展具有优先性,国家支配地位的彰显只是间歇性的,因此,这一矛盾并不突出。但当二者同时成为实践之所需时,即是中间组织调节失灵时。现实中,导致矛盾加剧的重要原因之一是激荡社会民情的不稳定爆发——社会压力迫使国家借助治理模式转换予以回应,从而降低了法规变通运作的可能;但经济发展的要求却需要中间组织服务于地方权力经营。可见,央地关系只是更广范围的"国家—社会"关系的一个环节。相应地,中间组织的运作内嵌于社会之中。

## 第四节　研究方法

本书所展现的是一个关于双重领导体制下的"条"运作实态的故事，其由若干相对独立却又紧密联系的事件交织而成。这些事件虽然复杂并各有脉络，但在内部始终存在清晰可辨的结构，而生成这一结构的则是国家治理转型背景下经济发展与行政科层化的多任务环境。所以，笔者所意欲探讨的，仍旧是"中央—地方"以及更广范围的"国家—社会"互动主题，只是这一主题是借由具有调节功效的中间组织加以呈现的。为求得研究对象多项面的体察和理解，进而深刻揭示其后的隐秘机制和运作逻辑，本书以S区国土部门为样本，采取"过程—事件分析"的研究策略。

### 一、研究策略

作为一种以呈现微妙性见长的方法，"过程—事件分析"的基本点是将研究对象由静态的结构转向若干事件构成的动态过程，因此不可避免地涉及描述和分析两个方面。其中，描述的任务是动态再现事件的运作过程；分析的任务是解释揭示其后的机制逻辑。二者的结合，是展现流动的事实与实践性关系的关键[①]。以下具体结合文章内容，对这一研究策略的采用予以

---

① 孙立平：《"过程—事件分析"与当代中国国家—农民关系的实践形态》，参见清华大学社会学系《清华社会学评论·特辑》，鹭江出版社2000年版。

详细阐述。

首先，以宏大结构—功能主义方法展开的基层政治研究易于遮蔽实践过程中非体制、非结构和非正式的运作因素。以科学主义为圭臬的结构化文本表述，尽管有助于条分缕析纷繁复杂的日常实践，但也容易围绕正式制度与结构"构制"现实运作过程，从而在展示和还原经验的复杂性、流动性与自洽性时遭遇方法论的局限①。就本书所研究的双重领导体制下的"条"而言，其处于中央和地方制度环境压力的缝隙间，往往需要同时关注来自不同方面的指令要求。相互矛盾的制度特征与结构张力是难以由去情境化、去过程化的化约主义方式加以呈现的。相反，"过程—事件分析"由于将过程"作为一个相对独立的解释源泉或解释变项"②，因此可以寻找那些在静态结构中无法显现的因素，这就超出了简单因果关系的传统视野。

其次，基于传统叙事方式的个案分析难以在动态中连贯流畅地把握研究对象之复杂、随机和充满偶然的因果序列。采用传统叙事方式的个案研究，尽管可以完整、历时性地对某一特定事件加以描述、分析，但由于其框定了故事的演进脉络，因此，所呈现的变化并不是过程，即不是通过过程所体现的变化，在每一时点上事件仍然是静止的③。相反，"过程—事件分析"中以多重复线展开的"叙事"，则通过追逐动态、流动的事实，而使隐藏其间的微妙性得以展现。以本研究所关注的双重领导体制下的"条"对政社关系的调节为例，其并不存在预先设定的行为基

---

① 吴毅：《小城喧嚣：一个乡镇政治运作的演绎与阐释》，生活·读书·新知三联书店 2007 年版。

② 孙立平：《"过程—事件分析"与当代中国国家—农民关系的实践形态》，参见清华大学社会学系《清华社会学评论·特辑》，鹭江出版社 2000 年版。

③ 孙立平：《"过程—事件分析"与当代中国国家—农民关系的实践形态》，参见清华大学社会学系《清华社会学评论·特辑》，鹭江出版社 2000 年版。

准，而是深受机构与地方政府、农村社会关系的制约，并随国家治理模式的转换而有所不同——在紧密关联的动员模式下，打破常规、急速运转的任务完成方式使社会诉求受到更多重视；相反，在松散关联的常规模式下，各就其位、按部就班的任务完成方式则注定一些社会诉求永远无法实现。因此，最终结果是由多种因素交织而成的，这是单一笼统叙事方式难以捕捉的。在这个意义上，如果不能把握多重动态事件中才得以凸现的因素，对中国政府行为的研究仍将停留于表层之上。

最后，"过程—事件分析"的研究策略有助于克服分析单位选择的偏误。以政府组织整体作为分析单位，往往容易忽视其内部的差异，因为政府组织并非"内部遵循一致逻辑的结构性力量"；相反，以其内部组成部分作为分析单位，又容易导致认知的片面性，进而产生系列相互矛盾的结论。就本书所研究的双重领导体制下的"条"对"条块""条条"以及更广范围的政社关系的调节过程而言，涉及多个政府主体。目标的异质性、激励的非均衡性以及约束的差异性使其彼此各不相同。但"过程—事件分析"则在很大程度上解决了这一难题，因为在"过程"与"事件"中，不同的分析单位同时以互动的方式出现了①。

## 二、样本选取

本书以 S 区国土部门为研究对象。样本的选取首先是源于理论的需要。研究中的"调节"意指通过"经营"与"治理"不同逻辑的相互转化，使权威体制跌宕前行。尽管这种效果的影响

---

① 孙立平：《"过程—事件分析"与当代中国国家—农民关系的实践形态》，参见清华大学社会学系《清华社会学评论·特辑》，鹭江出版社 2000 年版。

是普遍的，但机构在行政体制中所处的位置却是特殊的，双重领导体制下的"条"是一种理想类型。以国土部门为例，根据《国务院关于做好省级以下国土资源管理体制改革有关问题的通知》① 和《中共中央组织部关于调整省以下国土资源主管部门干部管理体制的通知》②，地、县国土部门的领导干部以上一级国土部门党组（党委）管理为主。人事任免权的集中有力强化了国家自上而下的支配能力，从而为不同目标逻辑的选择转化提供了基础。与此同时，作为同级人民政府的工作部门，财政预算、机构编制以及领导班子以下人员晋升流动的属地管理，则使国土部门依旧嵌生于地方权力关系的网络中，因此，在互动中彼此支持共同克服发展约束成为一种运作期待。可见，"条""块"的相互制衡以及调节功效的发挥，是由双重领导的独特体制特征决定的。

其次，在众多双重领导机构中选取 S 区国土部门同样是出于实践的困惑。众所周知，自 1996 年实行最严格的土地管理制度以来，国家相继出台了系列政策法规，并通过加大执法力度、完善监察体系等多种举措形成土地管理的高压态势③。但与此同时，擅自修改土地利用规划、拆分审批、非法供地、执法不严、滥用行政权力侵犯农民合法权益等现象依然屡禁不止，由土地引发的矛盾更成为当前影响社会稳定的首要因素。现有研究大多将土地违法问题归咎于地方政府"有令不行、有禁不止"的谋利化倾向，认为在当前以土地开发和城市建设为中心的发展模式

---

① 参见《国务院关于做好省级以下国土资源管理体制改革有关问题的通知》，国发〔2004〕12 号。
② 参见《中共中央组织部关于调整省以下国土资源主管部门干部管理体制的通知》，组通字〔2004〕22 号。
③ 参见《国务院办公厅关于建立国家土地督察制度有关问题的通知》，国办发〔2006〕50 号。

下,"土地收入—银行贷款—城市建设—征地"之间已形成一个滚动增长的循环,从而带来地方政府预算内和预算外收入的平行增长①。国土资源部负责人亦公开宣称:"严重的土地违法问题几乎都与地方政府有关。"但本研究所选取的 S 区不但经济发达,而且作为国家综合改革试点区,承担着改革发展先行示范的重任。20 世纪 80 年代,其乡镇企业异军突起,开创了"以集体经济为主、以工业为主、以骨干大企业为主"②的发展模式;20 世纪 90 年代,又以敢为天下先的气魄,率先推动以企业产权制度改革为核心的综合体制改革,进而创造了连续四年中国百强县之首、GDP 在全国县域经济中率先突破千亿元的辉煌业绩;2011年,作为深入学习实践科学发展观的试点单位,提出"城市升级引领转型发展,共建共享幸福 S 区"的战略部署。综观 S 区的发展历程,其彰显了改革开放前 30 年国家制度转型的变迁轨迹,因此,对于反思中国政府行为逻辑具有重要价值。

最后,样本的选取与进入条件的便利性有着极大的关联。本调研场景的进入得益于熟人关系的引介,因此,笔者可以无阻碍地查阅相关档案资料、参与各项会议行动。虽然这可能为另一种权力关系所支配——官方文献、知识、话语的屏蔽,但如果没有这种关系,我们完全可能会受到冷遇。因为被调查对象"没有任何必要同一些与他们没有丝毫关系、不可能给他们带来任何直接

---

① 周飞舟:《生财有道:土地开发和转让中的政府和农民》,载《社会学研究》2007 年第 1 期,第 49—82 页。

周飞舟:《大兴土木:土地财政与地方政府行为》,载《经济社会体制比较》2010 年第 3 期,第 77—89 页。

② 招汝基、邓俭、李允冠、杨文灿:《先行者的 30 年——追寻中国改革的顺德足迹》,新华出版社 2008 年版。

利益而唯有可能带来麻烦的人交往"①。而保持开阔的胸襟，以深度的田野经验克服场景局限，则成为笔者的自我告诫。

## 三、样本简介

图1-2描述了国土领域各部门间的垂直关系：国土资源部是这一领域中的最高行政机构，以下是省国土资源厅。S区由于在2009年根据省委、省政府部署率先在全省开展综合改革试验工作，在维持现行建制的前提下，除党委、纪检、监察、法院、检察院系统及需要全市统一协调管理的事务外，其他所有经济、社会、文化等方面的事务，均享有地级市管理权限②，因此，其国土资源涉及的各项业务工作以省直管的方式进行。大部制改革后，S区成立国土城建和水利局，总管国土、房地产、建设、绿化、水利、地震、人民防空、交通建设。其中与国土直接相关的科室包括：规划和耕地保护科、土地利用科、土地市场科、执法科、土地储备发展中心、监察室。各科室的主要职责如下③。

**1. 规划和耕地保护科**

负责土地利用总体规划实施管理，对项目或批次用地是否符合土地利用总体规划进行核定；负责全区土地利用年度计划指标的编制及调控；负责建设项目用地预审及管理；承担基本农田保护区的划定、调整和保护，指导开展高标准基本农田建设；编制土地整治规划并组织实施；负责耕地补充方案审核、补充耕地指

---

① 苏力：《法律社会学调查中的权力资源——一个社会学调查过程的反思》，载《社会学研究》1998年第6期，第31—40页。
② 参见《中共广东省委广东省人民政府关于佛山市顺德区开展综合改革试验工作的批复》，粤委〔2009〕35号。
③ 参见《S区国土城建和水利局主要职责内设机构和人员编制规定》2013年版。

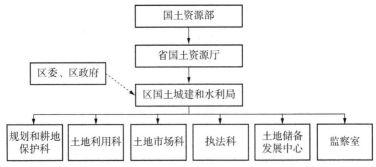

**图1-2　S区国土局在政府组织体系中的结构位置**

标管理和耕地占补平衡年度考核；负责农用地分等定级、产能核算及耕地质量等级成果年度变更工作；负责城乡建设用地增减挂钩试点工作。

2. 土地利用科

负责辖区内土地利用现状调查、地籍调查、地籍统计和土地利用动态监测；负责农用地转用，征收土地的方案制定、报批及批后组织实施；负责设施农用地的审核；负责建设用地信息的审核、发布及批后管理；负责集体土地所有权和国有农用地使用权属确认、登记发证及纠纷调处；负责土地使用权收回的审核和监督管理；负责完全被征土地村（居）股份合作社资格审核；负责宅基地固化名单和审批结果的备案；负责协调农民公寓的建设工作；监督、指导各镇（街道）开展建设项目临时用地审批、宅基地审批和宅基地使用权纠纷调处工作；负责矿产资源管理和地质环境保护。

3. 土地市场科

负责建设用地分等定级，组织开展基准地价、标定地价的制定；负责制定地价政策、地价动态监测；负责土地出让金、土地闲置费计收的地价核定；拟订土地出让年度计划并负责实施管理；负责土地市场动态监测；负责供地后履约管理及闲置土地处置；负责国有建设用地使用权出让、转让、租赁、作价出资（入股）、授权经营及划拨的审核和监督管理；负责农村集体非农建设用地使用权流转管理；负责土地使用权（宅基地除外）权属确认、登记发证及纠纷调处；负责土地他项权登记发证；指导土地储备机构开展土地收购工作。

**4．执法科**

统筹开展辖区内土地、矿产、测绘、地质环境保护、林业等执法巡查和违法案件处理工作，牵头推进国土资源行政执法共同责任制；负责本局执法人员业务培训和综合执法证管理工作，协调、处理执法过程中的法制工作；负责局机关各业务科室违法案件查处过程中执法程序和执法文书规范化的业务指导。

**5．土地储备发展中心**

根据土地利用总体规划、城市规划和城市发展需要，制定收购储备、出让计划，合理收购储备土地，适时出让，增强规划对土地供应的调控能力，优化土地资源配置；对土地进行拆迁、整理、出让前的合理利用；管理和运作土地收购、储备资金；协助政府解决企业改革遗留问题，盘活存量土地；协调组织省、市各项道路交通建设。

**6．监察室**

落实党风廉政责任制，开展反腐败工作；开展党风廉政教育和政风行风建设工作；负责行政效能监察、廉政监察、执法监察工作；管理本局监察工作网络，指导局属单位落实日常监察工作事项；受理检举、控告，办理纪检信访、行政投诉，处理、督办群众来信来访。

## 第五节　章节安排

第一章 "导论"：本章对研究问题的提出、文献评估、理论框架、研究方法、章节安排做了简要说明。

第二章 "多任务环境下的治理困境及中间组织的调节功效"：本章以国土管理领域"积极主动服务"和"严格规范管理"的多任务冲突为线索，对以分税制改革为契机的"再中央集权化"过程及其在基层引发的系列治理困境进行了详细阐述。在此基础上，对具有调节功效的中间组织的体制特征和组织策略进行了初步说明。

第三章 "中间组织对条块关系的调节"：本章对国家法规的宏大制度安排是如何经中间组织的作用而在地方权力结构中作为一种技术加以实践的进行了考察。研究发现，法规运作的"循规"与"变通"作为国家管理的重要工具，是中间组织根据自身在"条""块"双重结构化背景中的位置以及可供利用的资源进行策略性选择的结果。在这一过程中，层级借力、风险转移、自我保护与解释、注意力分配、结构不一致分别构成"循规"与"变通"的主要机制。

第四章 "中间组织对条条关系的调节"：本章结合国家卫片执法检查实践，对中间组织与上级"条"之间权力支配关系的建立过程进行了考察。研究发现，通过激励强度、责任连带与自我强化机制的协同耦合，将"条"的行政任务转化为"块"的中心工作，是保证国家意志有效贯彻执行的关键。在这一过程中，"行政的政治化"和"法律的惩罚化"成为国家治理转型中的两大主题。

第五章 "中间组织对政社关系的调节":本章采取"关系/事件"的分析方法,对国家在转型过程中如何将各种社会冲突纳入中间组织这一新的权力配置寻求解决进行了考察。研究发现,借助地方组织网络所进行的权力技术化运作是中间组织实现政府与社会沟通的关键。在这一过程中,权力实践的展开不仅是法律机制的运用,而且是人情面子机制的运用。即基于具体场景的权力运作,是情、理、法的有机结合。

第六章 "中间组织的调节失灵及原因":本章结合具体案例对中间组织对条块关系、条条关系以及政社关系的调节失灵现象进行了分析,并对其所采用的"工作小组""专项整治""非正式运作"策略进行了反思。研究发现,中间组织政治和社会冲突化解功能的发挥有着特定的条件,并非总能奏效。相应地,在调节过程中所使用的种种组织策略也与具体实践密不可分,某种程度上是机构有效运转的生存技术。

第七章 "结论与讨论":本章对国家治理中的循环往复、政府运作中的政治因素,以及权威结构内部的权力分配与激励控制进行了总结讨论。研究发现,转型时期借由中间组织实现的"循规—变通"代替传统"集权—放权"构成新的循环往复。这虽然在一定程度上减缓了激荡效应,并使国家不同治理目标稳步推进,但政治、行政在新权威结构内部的混同运作也造成国家长期治理路径优化的困难。借鉴他国经验走出当前由中间组织实现的次优情境,是未来改革的方向。

# 第二章　多任务环境下的治理困境及中间组织的调节功效

以 1994 年分税制改革为契机，中国经历了大规模的"再中央集权化"浪潮①，并在此基础上启动了行政科层化进程，法治化、规范化、技术化和标准化也因此成为行政建设和监督的核心议题②。行政科层化旨在依靠"行政吸纳政治"的逻辑重建转型时期公共合法性的基础，但实践中，这一以治理为目的的行政科层建设由于依旧嵌生于以发展为目的的国家现代化进程中，因此，并未完全脱离经营的实质。相反，由于行政权力的上收以及考核的过程化与多重化，在基层引发系列治理困境。

在此背景下，中间组织的调节作用变得愈发重要。一方面，不同于传统属地或垂直管理体制下的职能部门，其以双重领导的独特制度构造为特征，因此面对"条""块"多个委托方；另一方面，不同于纯粹行政经营或治理的单一逻辑，其以政治和行政的混同运作为组织策略，因此可实现灵活性与规范性的兼收并蓄。在这一特殊的权力纽结上，"中央""地方"及"社会"重新发生了内在关联。

---

① 赵树凯：《基层政府：体制性冲突与治理危机》，载《人民论坛》2014 年第 15 期，第 46—51 页。

② 渠敬东、周飞舟、应星：《从总体性支配到技术治理——基于中国 30 年改革经验的社会学分析》，载《中国社会科学》2009 年第 6 期，第 104—127 页。

本章首先以国土管理领域"积极主动服务"和"严格规范管理"的多任务冲突为线索,对再中央集权化过程及其在基层引发的系列治理困境予以详细阐述,在此基础上对具有调节功效的中间组织的体制特征与组织策略进行了初步说明。

# 第一节 国土领域的多任务环境及其治理困境

为有效保障扩大内需项目用地、促进经济平稳较快发展,土地管理承担着国家宏观调控的重要职能。但与此同时,为促进规范管理、落实最严格的耕地保护制度,进而保障被征地农民合法权益,国家在土地利用规划、建设用地审批和供应以及执法督察等各个业务环节施加了极为严格的程序规定,这就极大地限制了调控政策的应变能力和效果。以下将对这一冲突予以详细阐述。

## 一、土地利用规划和计划管控下的发展困境

为维护土地管理秩序、坚守 18 亿亩耕地红线,国家对土地利用实行规划和计划管控。其中,土地利用总体规划是国家根据社会经济可持续发展的要求和当地自然、经济、社会条件,对土地的开发、利用、治理、保护在空间和时间上所做的总体安排和布局。其以农用地、建设用地和未利用地的方式划定了区域未来十年的土地用途,因此是国家实行最严格的土地管理制度的基础。由于注重全局性和长远利益,土地利用总体规划强调实施的稳定性。《土地管理法》亦严格限制农用地转为建设用地,要求

控制建设用地总量。

"土地利用总体规划的特点是控制性规划，控制建设用地总量。它按照极限法做了一个测算，到2020年形成一个全国建设用地规模，然后按照这个规模，把这几年可以用的量下达给各个地方。规划刚刚做完，很多地方建设用地规模已经没有了，可还有8年的建设时间。规划上用地规模没有了，说明不能用地了，但这几年还得发展，项目要落地，那就只能占农用地了，所以就得修土规。"（访谈材料，2013年11月13日）

与土地利用规划基期内的用途管制类似，土地利用计划是一种年度性指令管理。其以计划指标的形式对农用地转用的节奏和时序加以控制。但基于建设用地规模的限制，计划指标与实际需求间存在严重缺口。随着近年来国家重点控制东部地区特别是京津冀、长三角、珠三角三个城市群建设用地规模，规定除生活用地及公共基础设施用地外，原则上不再安排城市人口500万以上特大城市中心城区新增建设用地，实践中的供需矛盾进一步加剧。

"每年下达总量指标有限。全国也就是600多万亩①，在广东省也就是20多万亩农转用的指标。但中国现在整个发展的粗放阶段还没过，地方看到指标那么少，就层层截留。指标是由部里下到省里的。省把它的重点工程留30%，再分到市里面。市里再把它的重点工程留60%，甚至有些地级市干脆全留了，下面就没有了。可到各地开发区去看

---

① 1亩约等于666.66平方米。

时，一做规划，项目要地都是400亩、500亩。开口要得越多，越有实力。那哪里够用啊？没办法，有指标才能批地。"（访谈材料，2012年12月25日）

可见，正是面临深刻的发展困境，才使严格的土地利用规划和计划管控只能在实践中加以变通。例如，为满足"优先保障国家和省重点建设项目用地"的规划修改条件，擅自篡改现状材料；或借国家"城乡建设用地增减挂钩"试点政策，将农村建设用地规模和指标腾挪到城市。这样的做法显然与行政科层化建设下的严格规范管理相悖，但是在发展至上的现实条件下，这种背离又成为一种必需。

"规划是'龙头'来的嘛。如果连规划都做不下去，后面的问题就更多了。我们做土规的都知道，现在许多项目都是被逼着修改现状材料、弄虚作假，规划才能做下去。不把牛皮吹大，提高项目层次，规划就没法做。再就是建设用地指标，这个现在是最紧缺的。年初已经全部下达安排好了的，根本没有多余的机动指标。可情况多变，扩大内需有那么多项目，突然有建设任务压下来，能不配合吗？但又没指标，那不弄虚作假可以吗？"（访谈材料，2013年1月7日）

自相矛盾的实践显示行政科层化不仅仅是一个加强管控、完善政策法规的过程，它必然要求在此基础上行政经营向治理逻辑的转变。如果不能深入理解分税制以来行政结构及其运行机制的内在规则，厘清行政权力与经济社会诸领域的潜在关联，试图通过权力的上收与规范管理而有所改进，无异于单兵突进，终难取得令人满意的效果。这一点尤其体现在建设用地审批和供应中的合法性困境中。

## 二、建设用地审批供应中的合法性困境

建设用地审批主要涉及农用地转用和土地征收方案的制定报批。1986年的《土地管理法》规定，国家建设征用耕地1000亩以上由国务院批准；3亩以上，1000亩以下，由省、自治区人民政府批准；3亩以下，由县级人民政府批准。而修订后的《土地管理法》则规定征收基本农田、基本农田以外耕地超过35公顷的、其他土地超过70公顷的，由国务院批准。这就在取消县级政府农地征用审批权的同时，上收了省级政府的部分权力。此外，为保障被征地农民合法权益，国家进一步要求地方对征地补偿安置方案进行公告，听取被征地农村集体经济组织和农民的意见。

"本来作为一个大国，上面应该行使监督权，但现在直接行使管理权，这对它来说实际上是不可能完成的任务。比如国土资源部和省国土资源厅为了管审批，大量借用基层工作人员。在省厅里面就是一个9个人的土地利用管理处，在国家就是一个20多人的耕地保护司，管这么大量的土地审批就只能是形式主义审批，最后成了乱批。按道理来说征地实施前应该先下批文，但省政府怕农民说都不知道这块地要干什么就批完了，怕批文下后征不了地，全省都是先征地后办批文。本来是希望有一种协商的关系去谈，现在往往起到相反的作用。农民就说你没拿到批文，怎么能征地呢？这个矛盾在这里。"（访谈材料，2013年1月7日）

类似的困境也体现在建设用地供应环节。建设用地供应主要

是指国有建设用地使用权的出让。为优化土地资源配置，建立公开、公平、公正的土地使用制度，国家规定："工业用地必须采用招标拍卖挂牌方式出让，其出让价格不得低于公布的最低价标准"①，并将落实工业用地招标拍卖挂牌出让制度的监督检查作为一项重要任务，定期组织实施。对于工业项目通过计划立项、规划定点先行确定土地使用者的，或出让后擅自调整土地用途、容积率等规划条件，以及低于最低价标准或以各种形式给予补贴或返还的，依法追究有关人员的法律责任。

"要保证土地供应符合中央扩内需、调结构的要求和相关产业政策，那在土地出让环节肯定是要设置一些排他性条件，要不然谁都能进来的话，产业结构没办法调整。肯定有排他因素，想做这样的产业，必须订这样的规制在里面。可现在招拍挂条件全部上网，国土资源部和国土资源厅时刻监控，设定的条件太明显以至量身打造会被上级叫停的。当年万达的几个广场都被撤了。我们现在是'做慢慢死，不做马上死'。做肯定是违法做，总有一天问题会暴露出来，要为这个问题买单；不做就是阻碍发展，乌纱帽马上就没有了。"（访谈材料，2014年11月6日）

合法性困境清晰反映了国家现代化进程中的产业化经营实质。因此，无论是政府机构的理性化建设还是社会权益保障，本身并不构成一项独立任务。相反，其只有在实现经济发展的首要目标中找到恰当的位置，才能有效发挥自身功能。这一治理困境一直延续到最终的违法用地查处环节。

---

① 参见《国务院关于加强土地调控有关问题的通知》，国发〔2006〕31号。

## 三、土地执法督察中的行动困境

为加强土地资源的法治化管理、构建执法监察长效机制,国家要求严厉惩处违法违规用地行为。如《违反土地管理规定行为处分办法》规定:"土地管理秩序混乱,致使一年度内本行政区域违法占用耕地面积占新增建设用地占用耕地总面积的比例达到15%以上或者虽然未达到15%,但造成恶劣影响或者其他严重后果的,对县级以上地方人民政府主要领导人员和其他负有责任的领导人员,给予警告或者记过处分;情节较重的,给予记大过或者降级处分;情节严重的,给予撤职处分。"① 此外,借助先进卫星遥感监测技术所实施的年度卫片执法检查以及由国土资源部直接派驻地方的九大土地督察局的建立,都有力地强化了国家的制约基础。

"不管是技术手段还是行政管理的手段都是有的,只是能不能操作下去的问题。不同阶段的不同中心任务和'发展是硬道理'的中心工作,导致做起来很难。比如那些国家重点项目都存在偷步现象,还没有拿到批文就已经开始建设了。真要按照上级要求严格执法,成吗?谁敢拆啊?再就是农村里面违法建房也是量大面广。在自家宅基地旁边多搭建一些厨房、养猪养鸡的地方,这在全国都很普遍。可是如果动一家,整个村就会到处举报,影响社会稳定。"(访谈材料,2014年1月17日)

---

① 参见《违反土地管理规定行为处分办法》,监察部、人力资源和社会保障部、国土资源部令第15号。

经济发展与社会稳定的考量，使违法用地的查处已不仅仅是简单的法规适用问题。相反，其关乎现实利益和执法的社会效果，因此，依赖日常生活经验和解决纠纷的种种权力技术。在此，法规与其说是一项被规定的制度，毋宁说是一种被实践的技术①。

综上所述，正是由于公开的行政科层建设与隐蔽的经济发展事实不相适应，才导致了系列治理困境。而克服这种困境的办法要么是放弃法治化治理实践，要么是根本改变国家经济发展至上的政治理念。但在当前，面对复杂多变的国内外形势，国家的首要目标是实现经济发展，根本改变经济发展至上的政治理念显然难以适应权威体制下推进赶超型现代化对"强国家"的需要②。在这种情况下，最容易实现的办法则是放弃法治化治理实践，让法规来适应经济发展的具体情况，但这样做的后果也直接动摇了国家转型时期公共合法性的基础。可见，以政废法或崇法黜政似乎都不可取。相反，需要一种更具实践理性的策略来替代非此即彼的解决方案。即作为一种实践性操作，其一方面可以背离法规的某些原则以适应特定的经济发展状况，但并不由此构成对转型时期国家合法性基础的破坏；另一方面，其又能借助国家法规参与到对经济社会的总体治理中，解决由经营逻辑发展至极所导致的系列问题，进而实现国家宏观层面的纠偏。这即是中间组织调节功效的发挥。

---

① 强世功：《法律是如何实践的——一起乡村民事调解案的分析》，参见王斯福、王铭铭《乡土社会的秩序、公正与权威》，中国政法大学出版社2001年版。

② 冯仕政：《法治、政治与中国现代化》，载《学海》2011年第4期，第100—107页。

## 第二节　中间组织的调节功效

经济发展至上的行政经营逻辑相较于国家治理转型下的行政科层化，始终处于优先地位。但这种优先是逐步实现的，因为机构的理性化建设和社会的权益保障是转型时期依靠行政吸纳政治的方法重新确立公共合法性的基础所在。换言之，规范管理过程中涌现的系列政策法规并非总是消极的、被动的，有时其可积极抵制地方实施过程中的过度经营化取向，实现国家宏观层面的纠偏。面对这种冲突的要求，实践中需要中间组织的调节作用加以平衡，以实现经营与治理两种逻辑的相互沟通、相互塑造，进而达致二者的契合。

### 一、中间组织的体制特征

不同于属地管理体制下"条块结合、以块为主"和垂直管理体制下业务功能纵向整合的职能部门，中间组织的调节功效要求其能实现条块的交互连带及二者间关系矛盾的限制、转化。即一方面能够配合"块"的产业化经营实践，实现经济发展的第一要务；另一方面作为上级"条"的业务机关，能够以专业化、技术化治理维系日常运作，并代表国家对各种偏离失控予以及时纠正。在这一特殊的权力纽结上，行政经营的实质以技术治理形式规避了合法性困境；而国家自上而下的干预则以隐而不显的方式克服了行动困境。

依循这样的分析路径，本书认为双重领导体制下的"条"

是一种理想类型。以国土部门为例，其目前实行的是省以下垂直管理体制，即除省级政府保留对同级国土部门的管理外，省以下各级土地主管机构都不再对同级政府负责。但由于地方政府控制者属地国土部门的财政预算、机构编制以及领导班子以下人员的晋升流动，因此导致多个委托方。正如国土局局长戏言：

> "省厅是爹，地方政府是娘，我们吃娘的奶，所以要听地方政府的。但国土部门是半垂直体制，我们是省国土厅任命的，地方政府免不了我的官，所以能够坚持的还会坚持。"（访谈材料，2014年11月6日）

通过"经营"与"治理"的相互转化，使体制跌宕前行，是中间组织的调节功效所在。尽管这种效果的影响是普遍的，但机构在行政体制中所处的位置却是特殊的。就国土部门而言，其之所以能够游走于"经营"与"治理"不同逻辑间，实现条块的相互制衡，恰恰是由其双重领导的体制特征决定的。根据《国务院关于做好省级以下国土资源管理体制改革有关问题的通知》[①] 和《中共中央组织部关于调整省以下国土资源主管部门干部管理体制的通知》[②]，地、县国土部门的领导干部实行双重管理体制，即以上一级国土部门党组（党委）管理为主，地方党委协助管理。人事任命权的集中有力强化了国家自上而下的控制能力，从而为不同逻辑的选择转化提供了基础。与此同时，国土部门作为同级人民政府的工作部门，依旧嵌生于属地权力关系的

---

[①] 参见《国务院关于做好省级以下国土资源管理体制改革有关问题的通知》，国发〔2004〕12号。

[②] 参见《中共中央组织部关于调整省以下国土资源主管部门干部管理体制的通知》，组通字〔2004〕22号。

网络中，因此，在互动中彼此支持共同克服发展约束成为一种运作期待。换言之，作为"条""块"沟通的中介，双重领导体制下的"条"一方面要借行政科层理性化服务于"块"的权力经营并掩盖其后的权力关系，另一方面又能在维护自身自主性的过程中抵制政治权力的压力，进而代表国家将权力经营抑制在一定的范围。当形势变化使经济发展成为第一要务时，其能协助"块"在技术理性的意义上获取体制本身和社会民众的认可；而当经营逻辑发展到极致时，其又能有效摆脱产业化路径，自动与上级"条"的政策法规保持一致。正是通过这种调节功能，中央—地方以及更广范围的国家—社会关系重新耦合起来。

## 二、中间组织的组织策略

实践中，中间组织如何为"块"的权力经营构建合法性，并在不同逻辑间相机调整，实现行政法治化、技术化治理优势与政治运作高效性、灵活性的兼收并蓄是行为的关键。在这一过程中，有三种主要的组织策略协调着"条""块"及社会的互动关系。

### 1. 工作小组

工作小组，作为中国政治运作的独特形式，是用以推进特定任务完成的枢纽型节点。其通常由权力层级较高的部门牵头，联合多个相关职能部门，统筹进行议程设定和政策实施[①]。

由于重在"制订战略、推动变革"，而非"制订计划、维持稳定"，因此，工作小组着力于对现有政策法规的突破性探讨，进而在体制和战略等问题上进行综合领导。从政治过程的角度来

---

① 周望：《中国"小组机制"研究》，天津人民出版社2010年版。

看，工作小组纵向上连接了"意见表达到意见综合""意见综合到政策制定""政策制定到政策实施"的中间环节；横向上协调着各个部门的行动①，因此在一定程度上打破了既有的"条""块"分割，推动了政策的实现。此外，由于是意见综合基础上的"权力输出"，极大地分散了单个部门运作中的行动风险。

### 2. 专项整治

专项整治，是为推动地区性重点、难点工作，加强领导干部重视程度和责任意识而展开的多部门协同行动、联合攻坚的治理模式。其通常采取"目标管理责任制"的形式，将任务逐级量化分解，形成一套指标体系，并辅以"责任书"在各级党政部门间层层签订②。

作为提高下属科层组织行动能力的综合管理办法，专项整治通过将不同行政层级以及同一行政层级内部相关职能部门相勾连，使"条""块"以及"条"的业务部门与"块"之间结合为一种"双轨并联"的制度共同体。在这一过程中，"条"的职能是监督检查下级业务部门的工作开展，确保各项指标按时完成；"块"的职能是从组织、资源上保障辖区业务部门的任务落实。

实践中，由于党政"一把手"通常被确立为第一责任人，因此，其在短时间内建构出大范围的责任—利益连带关系，进而将"条""块"间的经济承包制转化为"政治承包制"③，并变相形成"一级抓一级，层层抓落实"的压力传导机制。行动过

---

① 吴晓林：《"小组政治"研究：内涵、功能与研究展望》，载《求实》2009年第3期，第64—69页。
② 王汉生、王一鸽：《目标管理责任制：农村基层政权的实践逻辑》，载《社会学研究》2009年第2期，第61—92页。
③ 王汉生、王一鸽：《目标管理责任制：农村基层政权的实践逻辑》，载《社会学研究》2009年第2期，第61—92页。

程中，责任主体的一元化与利益连带关系极大降低了"条""块"之间的摩擦，提高了"条"贯彻执行自身意志的能力。

### 3. 非正式运作

非正式运作，是指科层组织常将权力关系与人际关系融为一体，以模糊权力体系内部以及权力与社会的边界。如周雪光发现，科层组织在执行上级部门特别是中央政府的各项任务部署时，常采取"上有政策、下有对策"的手段，联合应对自上而下的政策要求和考核检查[1]。孙立平和郭于华在对华北B镇定购粮收购的研究中亦发现，权力行使者很少使用正式规则所规定的程序和惩罚手段；相反，却常常将诸如人情、面子、常理等日常生活原则和民间观念引入正式权力的行使过程[2]。

作为一种制度化的非正式行为，"共谋"与"软硬兼施"是科层组织所处制度环境的产物，因此有着广泛深厚的合法性基础。其既是"中央""地方"决策过程与执行过程分离所导致的结果[3]，也是转型时期专制权力衰变背景下，"条""块"贯彻执行自身意志的必然产物[4]。

上述三种组织策略的共同特征是政治与行政过程的混同运作，实践中其相互支持、相互转化，中间组织的调节功效也因此得以发挥。在围绕特定组织策略的互动中，"中央""地方"及

---

[1] 周雪光：《基层政府间的"共谋现象"——一个政府行为的制度逻辑》，载《开放时代》2009年第12期，第40—55页。

[2] 孙立平、郭于华：《"软硬兼施"：正式权力非正式运作的过程分析——华北B镇收粮的个案研究》，参见清华大学社会学系《清华社会学评论·特辑》，鹭江出版社2000年版。

[3] 周雪光：《基层政府间的"共谋现象"——一个政府行为的制度逻辑》，载《开放时代》2009年第12期，第40—55页。

[4] 孙立平、郭于华：《"软硬兼施"：正式权力非正式运作的过程分析——华北B镇收粮的个案研究》，参见清华大学社会学系《清华社会学评论·特辑》，鹭江出版社2000年版。

其"社会"借助不同的作用机制彼此沟通,这一方面促进了公共合法性的建立,另一方面则为政治意志的贯彻提供了平台。于是,在技术、动员和日常情理组合而成的权力运作过程中,转型国家新的治理实践正在开启。

## 本章小结

图 2-1 总结了中央—地方的互动模式。在现代化进程中,经济发展始终是国家的首要目标。但无论是采取分权的方式任由地方将这一经营逻辑发展至极,还是采取集权的方式强化中央的权威控制,都终难走出传统"一放就活、一活就乱、一乱就收、一收就死"的循环往复。如何在动态中寻找国家权威体制与地方有效治理间的平衡,便成为央地互动的关键。

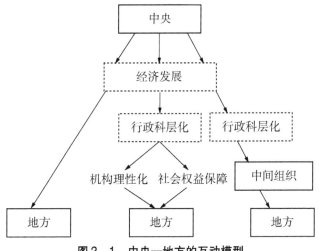

图 2-1 中央—地方的互动模型

20世纪90年代以来，国家经历了"再中央集权化"过程①，并辅以大规模的行政科层化建设。一方面，是试图借助"行政吸纳政治"的逻辑重建公共合法性的基础②，另一方面，则是期冀通过机构自身的理性化建设和对社会的权益保障强化地方制约，进而在"上下夹击"中确保国家意志的贯彻执行③。但实践中，经济发展与行政科层化由于遵循的逻辑不同，因此在基层引发系列治理困境。对此，若彻底放弃经济发展至上的政治理念，显然难以适应权威体制下推进赶超型现代化对"强国家"的需要④；但若由此终止行政科层化进程，则直接动摇了国家转型时期公共合法性的基础。

正是面对这种非此即彼的悖论，处于中间地位的政府机构的调节作用变得愈发重要。一方面，作为技术化治理，其可以在实践中背离法规的某些原则。但由于这种背离并未从根本上改变法规本身，相反却可以从工具理性的意义上掩盖其后的权力关系，因此并不对行政科层化所强调的公共合法性构成破坏。另一方面，在调节过程中，由于其可以在"经营"与"治理"不同逻辑间灵活转化，实现"政治"与"行政"的混同运作，因此成为国家治理的有效工具，并从根本上确保了经济的平稳较快发展。正是通过中间组织这一特殊的权力纽结，中央、地方及社会重新耦合起来。

---

① 赵树凯：《基层政府：体制性冲突与治理危机》，载《人民论坛》2014年第15期，第46—51页。

② 渠敬东、周飞舟、应星：《从总体支配到技术治理——基于中国30年改革经验的社会学分析》，载《中国社会科学》2009年第6期，第104—127页。

③ Fox, Jonathan. The Politics of Food in Mexico. Ithaca: Cornell University Press, 1993.

④ 冯仕政：《法治、政治与中国现代化》，载《学海》2011年第4期，第100—107页。

# 第三章　中间组织对条块关系的调节

科层组织在执行上级"条",特别是中央政府的各项任务部署时,采取"上有政策、下有对策"的手段联合应对自上而下的政策要求并不鲜见,"变通"也因此成为此种现象的代名词①。但严格来说,"变通"并非分析性概念。其虽然在一定程度上揭示了现象得以发生的微妙性,但却从根本上忽略了结构的制约作用②。此外,对于变通的过程、内在机制以及进一步演化的可能性亦是不清晰的。换言之,国家法规的宏大制度安排是如何经中间组织的调节作用而在地方权力结构内部作为一种技术加以实践的,仍不甚了解。为此,本章摒弃了将政策执行作为独立事件的传统方法,而在机构所处的组织背景和权力关系中,对上级"条"的政策法规如何经策略运用而为"块"的权力经营赋予合法性,以及对"块"的过度经营如何借上级"条"的法规要求而加以抵制进行考察。

---

① 制度与结构变迁研究课题组:《作为制度运作和制度变迁方式的变通》,载《中国社会科学季刊》1997年冬季号。
② 渠敬东:《占有、经营与治理:乡镇企业的三重分析概念(上)重返经典社会科学研究的一项尝试》,载《社会》2013年第1期,第1—37页。

## 第一节　条块关系调节的组织背景
## 　　　　与权力关系

中间组织作为联结"条""块"的权力枢纽，是国家法规从宏大制度安排转变为实际控制手段，进而以"实际支配"取代"逻辑支配"的中介。正是通过这一转换节点，中央才真正强化了对地方的制约[①]。在这一过程中，法规一方面以其独立性和超然性抵制着"块"的权力经营；另一方面作为权力经营的组成部分，又强化着与"块"的互动关系。而这种对法规的运作技术，恰是由中间组织所处的组织背景和权力关系所共同形塑的。

### 一、条块关系调节的组织背景

法规运作，作为重新解读、诠释的过程，是一项为规章制度赋予意义的社会行动，因此总是发生于特定的组织背景，受相应权力结构的制约。以下将以 S 区工业用地使用权出让中的"招商引资项目用地联审小组"为例，对处于中间地位的国土部门所涉及的结构关系予以讨论。

如图 3-1 所示，纵向国家科层等级体系中，国土资源部是国土领域中的最高行政机构，以下是省国土资源厅。S 区作为全省综合改革试点，由于享有地级市管理权限，因此国土资源涉及

---

　　① 强世功：《"法律不入之地"的民事调解——一起"依法收贷"案的再分析》，载《比较法研究》1998 年第 3 期，第 47—59 页。

的各项业务工作以省直管的方式进行①。近年来，为规范国有土地使用权出让行为、建立完善土地市场机制，国家出台了大量的政策法规，对工业项目建设用地招标、拍卖、挂牌的程序方法以及出让底价进行严格控制。自上而下的结构制约，则为法规的贯彻执行提供了保障。

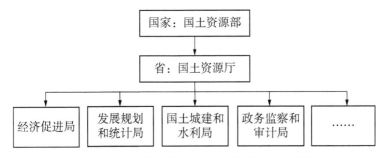

图3-1　S区国土部门在条块组织结构中的位置

横向地方权力结构内部，为引导支持企业做大做强、实现跨越式发展，S区由经济促进局牵头成立了"招商引资项目用地联审小组"，负责对拟公开交易工业用地的产业要求、开发建设要求、经济指标要求、环境要求以及竞买人资格、出让最低价等进行审定。联审小组由国土部门联合区发展规划和统计局、经济促进局、政务监察和审计局等相关职能部门共同组成。工业用地的出让须经联审小组审核通过后方可进入公开交易流程②。为对骨干企业实行"一企、一策、一机制、一方案"的扶持办法，在土地利用方面，区政府提出优先保障骨干企业增资扩产、新建项

---

① 参见《中共广东省委广东省人民政府关于佛山市顺德区开展综合改革试验工作的批复》，粤委〔2009〕35号。

② 参见《关于印发顺德区工业用地公开交易办法的通知》，顺府办发〔2010〕165号。

目的用地需求，并可适当提高容积率和建筑密度。对于土地出让底价，经区联席会议讨论后，可按不低于出让地块所在地级别基准地价的70%供地①。但这显然和国家政策法规存在矛盾之处。

条、块双重结构化背景，使国土部门的法规运作处于"循规"和"变通"的张力中。因此其与地方的互动，就不仅仅是将国家的政策法规施加于所发生事实的过程。相反，是根据自身在地方权力结构中的位置以及可供利用的资源所进行的策略性选择。这就为我们理解"中间组织既服务于权力经营又抵制政治压力"奠定了基础。

## 二、条块关系调节的权力关系

中间组织对法规的策略运作固然是由其在地方权力结构中的位置所决定的，但地方的权力结构之所以能够发挥作用，恰恰是由于它与国家经济发展至上的政治理念是一致的，这尤其体现在实践中条块的互动关系中。

在国土管理领域，为贯彻国家关于"扩大内需促进经济平稳较快发展"的重大决策部署，国土部门要以"保增长、保红线"为行动主线，实现"积极主动服务"和"严格规范管理"的有机结合②。当经济增长放缓或形势不利时，其要积极配合地方党委、政府的工作，在土地规划、审批、供应、执法等各个业务环节加强对重点建设项目用地情况的保障。在此情况下，国土部门无疑是站在地方的立场，而不是公平公正监管者的立场。因此，是以"行政经营"的逻辑代替了"行政治理"的逻辑。相应地，

---

① 参见《顺德区关于推动骨干企业做大做强扶持办法》，顺府发〔2013〕18号。
② 参见《保发展保红线工程2013年行动方案》，国土资发〔2013〕40号。

就法规运作而言，与其说是理性化、标准化的无差异适用，毋宁说是一个再解释、诠释的过程，关乎法规的"实际效果"①。而当经济发展过快、甚至过热时，其要严把土地闸门，加大对违法违规用地的查处力度，坚守耕地保护"红线"。这一过程中，国土部门工作的开展同样需要地方权力的支持和配合。这不仅是由于"块"属地管理的 M 型结构把属性互补（Attribute Complementarity）的各类功能组合在一起有着良好的协调关系，在解决实际问题和应对不确定条件方面更具灵活性②；更重要的是，"块"逐级向下延伸的组织网络，是国土部门借以构建打击违法用地威慑力量的中坚所在。正是通过"块"的基层触角——村居，法规才真正触及其所治理的对象。

"我们刚刚选调了二十名土地执法人员，可分到十个镇街，每个镇街也就加了两个人，连做到日常土地巡查都困难，更别说拆除了。现实中拆除一个违法建筑是很困难的。必须集全镇之力，由镇街党委、政府牵头，各部门做好相关工作，准备好所有材料才能够行动。而且还要凌晨五点出发，去到后团团围住，隔离开人和建筑物，才可能拆除。但是还是会遇到浇汽油、跳楼等威胁活动，那也只能让他们村委会或居委会负责人给劝下来，我们对这种情况是没有办法的。"（访谈材料，2013 年 12 月 23 日）

在组织背景和权力关系的相互作用中，我们看到位于中间地

---

① 强世功：《"法律不入之地"的民事调解——一起"依法收贷"案的再分析》，载《比较法研究》1998 年第 3 期，第 47—59 页。
② Qian, Yingyi, Gerard Roland, Chenggang Xu. Why is China Different from Eastern Europe? Perspectives from Organization Theory. European Economic Review, 1999 (43): pp. 1085—1094.

位的国土部门一方面在自上而下的制约中实践着国家法规；另一方面又服务于权力经营，并强化着对"块"的依赖性。正是这种相互独立又相互依赖的斗争与合作，使中间组织的调节作用最终得以发挥。

## 第二节 条块关系的调节模型与经验案例

无论是中央抑或地方因素，其自身使中间组织的法规运作处于动态演化之中，而二者的交织则进一步加剧了实践的复杂性。但细究其中的转化过程，却又似乎有迹可循。为此，本节将中间组织对条块关系的调节过程建模如下，并以国土部门的经验案例对这一模型进行了解读。

### 一、条块关系的调节模型

以下将构建一个中间组织对条块关系的调节模型。这一模型的用途在于：第一，阐明运作于条块特定结构背景和权力关系中的中间组织行为选择的内在过程；第二，在科层体系中，自上而下讨论各方拥有的策略集；第三，明确不同策略得以选择的条件。下面的行文将按图3-2的顺序依次展开。需要说明的是，此处并不关注模型的技术层面，仅将其作为一种分析工具，用于问题研究。

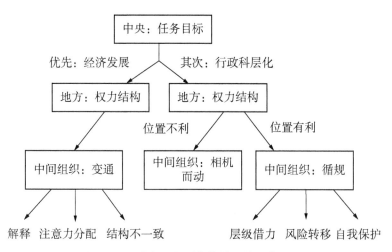

图 3-2　中间组织对条块关系的调节模型

## （一）国家多任务实施的优先性选择

在图 3-2 中，国家首先在经济发展和行政科层化的多任务目标中择其一，用以启动政策执行过程。不同任务实施优先性的选择可视为某一时期国家基于政治形势变化所做出的回应。在经济发展的任务环境下，"大干快上"的形势氛围使地方处于招商引资的热潮中。相应地，中间组织所需做的则是积极主动服务于"块"的权力经营，并从工具理性的意义上掩盖其后的权力关系。而当经济发展过快，甚至过热时，国家则致力于行政科层化的强调，以将"块"的过度经营抑制在一定范围。在此任务环境下，"科学发展观"成为核心治国理念。相应地，法治化、规范化、技术化、标准化是中间组织的行为基准[①]。

---

[①] 渠敬东、周飞舟、应星：《从总体支配到技术治理——基于中国 30 年改革经验的社会学分析》，载《中国社会科学》2009 年第 6 期，第 104—127 页。

国家不同任务目标的选择有着丰富的组织学意义。在经济发展的任务环境下，基于经济绩效的"晋升锦标赛"激励①，使中央和地方处于一种"上行下效、令行禁止"的紧密关联状态。在这种情况下，中间组织的行为选择并不存在太大张力。但在行政科层化的任务环境下，由于国家经济发展至上的政治理念并未发生根本改变，目标转换只是针对形势变化的一时之需，因此，央地关注范围的差异必然使得"块"难以立即跟进。此时中央与地方处于松散关联状态，中间组织则暴露于条块权力压力之下。

在分析模型中，国家采取第一步行动。这凸显了本书的基本思路：首先，在政策实施过程中，国家有着选择经济发展和行政科层化任务优先性的主动权，特别是当前期政策出现负面后果时，国家能够迅速做出调整②；对于地方和中间组织而言，这种优先性的选择很大程度上是一种无法控制的外部因素，只能在随后的执行过程中采取相应的策略予以应对。其次，不同任务目标优先性的选择表明了某一时期国家的工作侧重。最后，多任务优先性的阶段性区分也明确了科层体系内部关联状态的不同及相互转化。应该说，不同时期任务目标的变化提供了将国家意图概念化和建模的分析手段，并为接下来的讨论奠定了基础。

## （二）中间组织在地方权力结构中的地位确立

在国家选择了某一时期任务实施的优先性后，中间组织需要

---

① 周黎安：《中国地方官员的晋升锦标赛模式研究》，载《经济研究》2007年第7期，第36—50页。

② 杨宏星、赵鼎新：《绩效合法性与中国经济奇迹》，载《学海》2013年第3期，第16—32页。

根据其在地方权力结构中的位置作出相应反应。这尤其体现在行政科层化被确定为阶段性目标时。以下讨论既源于组织理论的逻辑推理,同时又在很大限度上得益于国土部门的田野观察。

1. 中间组织在地方权力结构中的位置有利

在地方权力体系内部,有多个不同的职能部门具体负责某一方面的业务工作。由于各部门缺乏人事、财政和行政的最终控制权,因此相互竞争着所属地方政府的有限注意力,以确保本部门任务目标的优先贯彻①。相应地,各部门在地方权力结构中的地位,就成为权威争夺的结果。根据布劳的研究,政府内部的注意力竞争通常围绕科层权威和专业权威展开②。其中,科层权威建立于正式制度之上,有着稳定的实施机制;专业权威则更多的是基于共同体的认同,以将合乎情理的规则与具体情境恰当匹配③。

具体而言,科层权威的信号发送策略是组织重要性的彰显。如强调本部门业务工作对地方主要领导政绩显示的重要意义,如此才可能作为中心工作纳入党政"一把手"工程。在这一过程中,以该部门牵头成立的工作小组,不仅因能"名正言顺"地获得其他相关部门的配合而使组织边界得到极大拓展,而且更重要的是由于最终结果是意见综合基础上的"权力输出",因此有效减轻了部门自身的责任风险。这一策略反映的是显著性机制

---

① 练宏:《注意力竞争:一个政府行为的结构解释》(未刊稿)。

② Blau, Peter M. The Dynamics of Bureaucracy: A Study of Interpersonal Relations in Two Government Agencies. Chicago: University of Chicago Press, 1955.

Blau, Peter M. The Hierarchy of Authority in Organizations. American Journal of Sociology, 1968 (73).

③ March, J G, J. P. Olsen. Rediscovering Institutions: The Organizational Basis of Politics. New York: Free Press, 1989.

(undue salience or vividness),即利用人们对显著事件的高度关注①,强化地方主要领导的重视程度,借以提高组织地位。

专业权威的信号发送策略是特定领域专业知识的呈现。专业化的训练和实践过程,使组织成员不仅掌握了相应的技能和知识,而且内化了其社会角色的行为规范。因此,专业价值观在塑造组织及成员对风险和偏好判断的同时,规定了可能的选择方案。正如社会归类研究发现的,"社会身份有着与其社会角色、群体认同相关联的共享意义和行为期待"②。这一策略反映的是专业承诺机制,即将专业化视为保护个体和组织自主性的关键③,以此抵制外在不当干扰。

### 2. 中间组织在地方权力结构中的位置不利

这主要表现为中间组织受到来自地方的持续政治压力。由于后者控制着属地业务部门的财政预算、机构编制以及相关人员的晋升流动,因此,各部门无法对地方的指令要求予以公然抵制。但这也并不意味着其会机械地执行命令,进而将自身置于风险之中。实际的运作过程更可能体现为相机而动权宜策略的采用:一方面等待国家任务环境的变化,另一方面则可能在执行过程中予

---

① Akerlof, George A. Procrastination and Obedience. American Economic Review, 1991 (81).

② Tajfel, H, C. Flament, M. G. Billig, et al. Social Categorization and Intergroup Behavior. European Journal of Social Psychology, 1971 (1): pp. 149—177.

③ Wilson, James Q. Bureaucracy: What Government Agencies Do and Why They Do It. New York: Basic Book, 1989.

Dewatripont, Mathias, Ian Jewitt, et al. The Economics of Career Concerns, Part II: Application to Missions & Accountability of Government Agencies. Review of Economic Studies, 1999 (66).

以渐进调整①。

具体而言，相机而动策略的主要机制是拼凑应对（muddling through），即，采取简单、临时策略；关注短期压力的可行反应；随条件变化顺序调整，进而产生因时而变的行为模式②。尽管这一机制看似随机，但却由稳定的科层逻辑及其互动所促发，并因此导致相应的政府行为。

## （三）中间组织法规不同运作方式的选择

中间组织的法规运作受制于所处组织背景和权力关系，但与此同时，机构并非被动实体，其可以通过所掌握的关于组织运作的知识及相应资源对结构的形塑功能加以抵制。相应地，"变通"和"循规"就成为法规运作的不同方式。

### 1. 法规的变通运作

变通是指"执行者在未得到制度决定者的正式准许、未通过改变制度的正式程序的情况下，自行做出改变原制度中的某些部分的决策，从而推行一套经过改变的制度安排这样一种行为"③。作为为"块"的权力经营赋予合法性的方式，中间组织法规变通运作的机制主要包括以下三种。

---

① Zhou, Xueguang, Hong Lian, Leonard Orlolano, et al. A Behavioral Model of "Muddling Through" in the Chinese Bureaucracy: The Case of Environmental Protection. China Journal, 2013 (70).

② Lindblom, Charles E. The Science of "Muddling Through". Public Administration Review, 1959 (19): pp. 79—88.

Lindblom, Charles E. Still Muddling, Not Yet Through. Public Administration Review, 1979 (11): pp. 517—526.

③ 制度与结构变迁研究课题组：《作为制度运作和制度变迁方式的变通》，载《中国社会科学季刊》1997年冬季号。

### (1) 解释

法规作为象征性符号，应用于特定情境时往往需要进一步的解释，而这种解释则为法规的修正提供了机会[1]。如选择性使用或忽略某些部分以适应情境需求，这就为法规的原本内容不断注入新的意义。特别是在"工作小组"的组织策略中，来自"条""块"的各个参与者常会基于自身利益对法规做出差异化解释，这就为中间组织提供了不同但却稳定的行为基础。

### (2) 注意力分配

法规发挥着分配和管理注意力的作用，从而为组织行为提供了秩序和节奏[2]。道格拉斯指出："制度制造了阴影，使居于其中的人看不到任何东西，也提不出任何问题。制度也使得另外领域的细节清晰可辨，因而受到严格审视和仔细安排"[3]。在特定领域，脱离正式等级序列的工作小组的成立，使针对情境需求的"一事一议、特事特办"成为可能。

### (3) 结构不一致

特定的历史偶然性，使法规产生的方式每每不一，它们存在于组织内部的不同位置，决策者也可能有着多样不一的认知[4]。由于多种的法规和角色可能是相互矛盾的，或涉及同一问题的不同方面，因此提供了在规则保护下灵活行为的基础。

综上所述，中间组织的法规运作是一个动态演化的过程。在

---

[1] 周雪光：《组织规章制度与组织决策》，载《北京大学教育评论》2010年第3期，第2—23页。

[2] 周雪光：《组织规章制度与组织决策》，载《北京大学教育评论》2010年第3期，第2—23页。

[3] Douglas, M. How Institutions Think. Syracuse, New York: Syracuse University Press, 1986.

[4] 周雪光：《组织规章制度与组织决策》，载《北京大学教育评论》2010年第3期，第2—23页。

特定制度环境和组织背景中,同一规则可能同时具有僵化性和灵活性的特征,这是基于"条"单一结构视角难以解释的现象。有趣的是,极富争议的事项常常在"工作小组"的组织策略中通过对法规的变通运用加以化解,而由此产生的结果则令置身其中的参与者也难以完全预测。

**2. 法规的循规运作**

循规是指组织或成员的行为建立在正式法律规定等制度基础之上,呈现出常规性与可预测性的特征[①]。在"工作小组"的组织结构形塑中间组织变通运作的同时,机构也以其所掌握的关于结构运作的知识对地方的政治压力加以抵制。具体而言,中间组织法规循规运作的机制主要包括以下三种。

(1)层级借力

在科层等级结构中,由于法规明确了组织边界,界定了权威关系,因此成为"严格监管"的替代机制。如古尔德纳在其早期对工业组织的研究中发现,法规的应用避免了冷漠的科层权威与组织内外规范的冲突,因此成为组织内直接权威关系的替代[②]。但当权力的复杂性使法规趋于弱化时,等级依赖关系则会重新显现。在这一过程中,高层权威的卷入,某种程度上使法规的循规运作得以可能。

(2)风险转移

李侃如和兰普顿曾提出"碎片化权威主义"理论模型,认为"在中国政治体系高层之下的权力分布是分离和不连贯的,科层等级体系与各科层部门的权力职能分工相结合,导致这样一种

---

① 周雪光:《组织规章制度与组织决策》,载《北京大学教育评论》2010 年第 3 期,第 2—23 页。

② Gouldner, A W. Patterns of Industrial Bureaucracy. Glencoe, IL: Free Press, 1954.

局面,即常要求各个部门达成一致,任何单一机构均无凌驾于其他机构之上的权威"①。碎片化的权力结构在增大政策执行摩擦力的同时,也创造了风险转移的结构基础。特别是目标的异质性、激励的非均衡性以及约束的差异性常使各部门难以形成统一路径②,这就进一步促发了实施过程中的循规行为。

**(3) 自我保护**

在韦伯式官僚体制中,规章制度被视为安身立命之本,因此成为组织功能结构的一部分③。如克罗泽对法国公共科层组织的研究发现:"(规章制度)似乎没有留给组织成员任何想象和主动的空间。每个人的日常行为及其以后使用其他常规工作的可能性都被准确预测。"④ 配鲁也认为:"规章制度保护那些受其约束的人,是保持群体自治与自由的手段。"⑤ 事实上,法规不仅塑造了组织及成员对风险和偏好的判断,规定了可能的选择和方案,而且建构了其自我身份和认同。这无疑有助于法规的"循规"运作。

综上所述,稳定的科层结构和专业化过程提供了中间组织法规循规运作的持续激励,从而诱发和延续了相应的行为方式。从这一角度来看,法规并非只是一种象征性仪式,相反,其提供了理解组织稳定行为模式的重要线索。

---

① Lieberthal, Kenneth, David M. Lampton. Bureaucracy, Politics and Decision Making in Post–Mao China. Berkeley and Los Angeles: University of California Press, 1992.
② 陈家建、边慧敏、邓湘树:《科层结构与政策执行》,载《社会学研究》2013 年第 6 期,第 1—20 页。
③ 周雪光:《组织规章制度与组织决策》,载《北京大学教育评论》2010 年第 3 期,第 2—23 页。
④ Crozier, Michel. The Bureaucratic Phenomenon. Chicago: University of Chicago Press, 1964.
⑤ Perrow C. Complex Organizations (3rd ed.). New York: Random House, 1986.

## （四）中间组织法规不同运作方式选择的条件

以上分别阐述了中间组织法规"变通"和"循规"的不同运作方式以及相应的作用机制。作为"经营"和"治理"两种逻辑的体现，其有着内在的不一致。那么紧接的问题是：中间组织法规不同运作方式选择的条件是什么？对此，还需讨论各种行为选择的特点，以明确其实证含义。

在此之前，首先需要澄清国家多任务目标实施优先性选择的条件。模型中，国家不同任务目标实施优先性选择的目的是向地方传达某一时期的工作重点。这一选择是根据政治形势变化所做出的回应。如外来因素的冲击、宏观经济走势的涨落或基于地方执行过程中可能出现问题的预期。虽然不同任务实施优先性的选择与转换是重要的组织现象，但为简化分析，在此仅将问题集中为：一旦国家确定了某一时期的任务目标，中间组织选择不同法规运作方式的条件是什么？

**1. 中间组织法规"变通"运作的条件**

当经济发展被国家确定为某一时期的任务目标时，意味着招商引资和扩大投资规模是地方的第一要务。在这种任务环境下，如果中间组织采取与发展相悖的行为，所承受的压力是巨大的；因此，其最佳策略是通过法规的变通运作，赋予地方权力经营灵活性，并从技术理性的意义上获取体制本身和社会民众的认可。具体而言，变通运作具有以下显著特征：第一，其一般发生在经济发展被国家确定为阶段性任务目标的情况下，而无关乎中间组织在地方权力结构中的位置。如此才能在"上行下效、令行禁止"的紧密关联状态中，推进赶超型现代化的实现。第二，由于法规的变通运作对中间组织存在一定的风险，其无法保证国家的事后追究，因此，实践过程更体现为基于法规的策略性行为。在此，解释、注意力分配以及结构不一致是变通得以发生的主要机制。

**2. 中间组织法规"循规"运作的条件**

对于中间组织而言，法规的"循规"运作比"变通"运作有更低的风险，因为前者更符合国家的各项制度规定。具体而言，循规运作有以下显著特征：第一，其一般发生于中间组织在地方权力结构中的位置有利的情况下，如此才能对"块"的过度经营加以抵制。第二，这种抵制行为更可能建立在领导部门的科层权威和业务部门的专业权威之上，因此层级借力和自我保护是循规得以发生的主要机制。第三，一些任务涉及不同部门的相互关系，但由于无法取得一致意见，因此更可能在实施过程中利用碎片化的权力结构进行风险转移，以此促发循规行为。

**3. 中间组织采取"相机而动"策略的条件**

该策略的选择意味着中央与地方的任务目标不一致，而中间组织在地方权力结构中的位置又不利。因此，表面接受地方指令要求，但在执行过程中予以渐进调整或进一步等待国家任务环境的变化，是中间组织的可行选择。不过，相机而动策略也是有代价的，因为执行过程中的自行调整未经正式允许，所以面临诸多的不确定性。

综上所述，在条块关系的调节模型中，中间组织有三种主要的策略："变通""循规"和"相机而动"。不同策略的选择有着相应的成本、收益，因此，这种选择不是任意的，取决于特定的条件。通常情况下，中间组织的偏好依次为循规＞变通＞相机而动。

## 二、条块关系的调节案例

以下是关于 S 区国土部门法规运作情况的经验案例。现实中的争议主要集中在工业用地市场交易环节，如底价的确定、竞买条款的设置以及集体建设用地使用权流转中的村民表决纠纷。不同于以往将政策执行视为独立事件的传统方法，本章强调法规运作的组织背景与权力关系，因此，在关注国家任务环境变化的同时，也关注国土部门在地方权力结构中的位置。

### （一）国家多任务实施的优先性：经济发展还是行政科层化

模型指出，国家首先在经济发展和行政科层化间进行任务优先性选择，用以启动政策实施过程。而国土部门作为国家宏观调控政策的落实机构，其法规运作自然受到任务环境的影响。虽然近年来国家系列的政策法规为国土部门的实践运作提供了总体框架，但这一框架本身是松散的，存在内在矛盾，在"积极主动服务"和"严格规范管理"两个极端间来回摆动，甚至同时存在。纵向来看，国家土地管理大致可划分为三个阶段：

#### 1. 确立土地使用制度阶段：1999 年之前

"中国土地是公有制，所有权无法转移。1988 年在深圳敲响第一锤以后，使用权在一定时段可以出让转让。以前是划拨，没有使用年限，也不用交钱。但有偿转让、经济搞活之后，特别是邓小平'南方谈话'以后，各个地方开发得很厉害，造成失控的局面。中国土地资源禀赋比较差，耕地不仅量小，而且2/3是中低产田。搞建设中占的农用地又是最好的，而且占得非常快，很多都是宽打宽用的，土地管理失控。1998年中央停了全国土地的审批，进行整顿，主要目的还是保耕地，要不中国粮食安全就很危险了。"（访谈材料，2012年12月25日）

**2. 组建国土资源部、出台新的《土地管理法》阶段：1999—2003年**

"1999年之后由行业管理变成宏观综合管理，找到土地管理的两个目标：第一个就是保护耕地，定为基本国策；第二个是节约、集约用地。确立了严格的耕地保护和用途管制制度，规划计划管理是主要手段。但手段是手段，问题还是问题，在这一过程中土地违法问题还是很多。2003年，进行了大规模土地市场清理整顿。"（访谈材料，2012年12月25日）

**3. 强化规划管控阶段：2004年至今**

"2004年国务院严格土地管理的28号文，对新的管理方式面临的问题做出了制度回应，主要是强化规划管控，对出让中的协议出让等非市场化政策进行了修正，提出加强国家层面的监督，第一次提出建立独立的土地督察制度。"（访谈材料，2012年12月25日）

任务目标的变化使国土部门的法规运作呈现阶段性和周期性的特征。即根据情势变化相机调整，以保证国家政治、经济和社会目标的实现①。在这个意义上,法规运作的"变通"与"循规"本身成为国家管理的重要工具。

> "我国尚未建立法治化的政策执行机制,因此不得不采用大乱大治的方式。放得太开要收,收得太紧要放,土地管理就跟着转。周期性经济调控,宁愿各种因素相互打架,也不愿放弃'发展是硬道理'的目标。现在,管理的法律法规跟不上周期性的变化,只能用政策文件的方式推进,'刚刚学会又说不对,才说不变又来不变,'无所适从。"(访谈材料,2014年11月6日)

可见,法规运作的高度政治化,在增加国家灵活性需求的同时,留给国土部门的却是一个"由一些具有规范约束力的法律、法规、条款、措施、指令、通知、决定和解释等组成的扑朔迷离的、不协调的"② 法律系统。事实上,这正是中国科层理性化、法治化建设举步维艰的根源所在。

## (二)国土部门在地方权力结构中的地位确立:有利还是不利

国家不同任务目标实施优先性的选择明确了特定时期的工作重点,从而成为国土部门行为选择的基础。但具体的回应策略还与国土部门在地方权力结构中的位置相关联,这尤其体现在工作小组的运作形式中。在S区,联审小组对区域内工业用地的出让

---

① 戴治勇:《选择性执法》,载《法学研究》2008年第4期,第28—35页。
② Orts, E W. Conflict of Interest on Corporate Boards. In M. Davis, A. Stark, eds. Conflict of Interest in the Professions. Oxford: Oxford University Press, 2001: pp.129—158.

具有实质性影响，其审批通过后，才由国土部门正式启动土地公开交易程序。但事实上，并不是所有的案件都经过联审小组。根据田野观察，提交联审小组的情形主要有以下几种。

情形一，国土部门党组内部无法取得统一意见，如负责具体业务操作的科长不愿为此承担责任或主管副局长、局长有异议，而不同意见有可能导致法规适用偏差。于是将问题上交，由联审小组集体讨论决定。

情形二，国土部门在工作开展中受到外来干扰，如来自镇街或区领导个人压力。而这种干扰将严重影响公开、公平、公正的土地使用制度建立时，则将矛盾上交，由"集体承担违规责任"。

情形三，疑难复杂案件或有重大影响的案件，依照惯例要经过联审小组。

由于联审小组组成人员通常为部门主要负责人，因此，这种权力有着实质的影响。通常情况下，最终结果是各部门利益均衡的产物，大家默认一种不成文的规则，如"区政府确定的重大招商引资项目一定要保"。那么，经济促进局需对企业给予不同等次的资金补助；国土部门则要在区工业用地指标中安排一定比例，优先保障项目用地需求。但也存在例外，这主要是由各部门在联审小组中的位置不同所致。一般来说，区经济促进局作为负责组织协调的牵头部门，相对于其他组成单位权力自然会得到更大的彰显。因此，由其引进的项目及让利条件常会得到优先落实。但这也在某种程度上置其他部门于风险中。

"其实经促局早就和企业达成合作意向了，约定多少年内减免税或者给扶持政策。但这些合作协议在卖地环节是不对外公示的。为了保证企业拿到地，那肯定是要我们（国土部门）帮它设置一些条件了，比如谁才可以参与竞买，拿到地后必须搞什么。如果必须搞什么是根据规划走的，或者是为一些公共设施服务配套的，都是应该的。但有些规定这块地建成之后，一定要用来引一个世界500强的企业进驻，这不是明摆着让我们违规吗？"（访谈材料，2014年1月10日）

在这种情况下，尽管牵头部门有更大的决定权，但有时整个讨论的基调又往往是由部门更具专业素养的主管人员奠定的，这主要表现为陈情利弊的汇报技巧。一般来说，好的汇报者知道哪些应着重强调，哪些应一笔带过，进而通过对事实的裁剪塑造其他人的认知。此外，借助同类案件营造情势的危机感与紧迫性，亦是重要的手段。

"对于哪些条件可以设，哪些条件不可以设，我们作为业务主管部门显然是更清楚的。当然在这一过程中要排除的干扰是意想不到的，所以要很有技巧。不都说现在依法治国是个艺术活嘛。我们当时就拿广东CH给他举例。那个是作为全国典型案件挂牌的。后面也处理了好几个人，有判刑的、有降职的、有受处分的、有开除的，包括两个厅级干部。总之，一定要把气氛渲染出来，让大家知道这样做的严重后果。假如集体讨论，认为这个项目值得，那没问题，该帮我们也会帮。但所谓的帮也不能过分，起码不能说只有某个竞买人才可以，要有一个差不多的条件。"（访谈材料，2012年12月25日）

不过不得不承认的是，由于当前政治结构还没有完全实现理性化，专业共同体亦没有真正形成，因此，法规的运作时常赤裸裸地暴露于权力争夺之下,从而使个人丧失自我保护的能力[①]。

> "中国这种地方行政长官制度,流动的频率过高,我做这个区域的行政长官,先做一些名头上好的项目,这样就有一个好的名声了。几年之后不管是好的效果还是坏的效果都没出来的时候,我就已经走了。不仅是地方长官的问题,包括部门内部的副局长、科长、副科长都有这样一种心态,我先批了它吧,过几年就不是我管了嘛,就没有我啥事了嘛。"
> (访谈材料,2013年12月31日)

可见,在法规的运作过程中,无论是进行严格执行还是考虑种种外来干扰;无论是裁剪事实,还是强调汇报技巧,都已不仅仅是法律文本的适用问题。相反,是国土部门及成员根据自身在地方权力结构中的位置,以及可供利用的资源所进行的策略性选择,以此尽可能获得在这一权力关系中的有利地位。

### (三)国土部门法规不同运作方式的选择:变通还是循规

根据分析模型,国土部门的策略集包括:变通、循规和相机而动。由于各种法规运作方式遵循的逻辑不同,因此有着不同的作用机制。以下将结合具体案例分别予以阐述,并特别关注"变通"与"循规"得以发生的内在机制。

**1. 法规的变通运作**

如前所述,变通是国土部门在国家经济发展的任务环境下为

---

① 强世功、赵晓力:《双重结构化下的法律解释:来自中国法官的经验》,参见梁治平《法律解释问题》,法律出版社1998年版。

地方权力经营赋予合法性的方式。其主要包括解释、注意力分配和结构不一致三种作用机制。以下提供三个案例详细说明。

**【案例1】解释**。根据《广东省集体建设用地使用权流转管理办法》的规定，集体建设用地使用权流转"须经本集体经济组织成员的村民会议2/3以上成员或者2/3以上村民代表的同意"[①]。在S区B镇集体工业用地流转中，起初经股东大会表决通过的底价为4 487元/平方米的建设用地因市场低迷而流拍，但第二年由于对地块容积率进行了提升，并取消了原本提留物业的要求，因此以5 511元/平方米的底价成交。但交易现场，却遭遇村民激烈的抵制，原因是新确定的底价并未召开股东大会进行表决。由于该土地性质为国有划拨，权属为B镇社区居民委员会（20%权属）和B镇股份合作经济社（80%权属）共同所有，因此，镇领导和股份社理事长多次冲入区联席会议，希望尽快推进后续工作，避免给村民错误引导，并主动提交了《关于地块公开交易转让的社会稳定风险评估报告》。对此，作为"条"上的国土部门认为村集体内部未能达成一致意见，故应推迟交易活动；但作为"块"上的镇政府却认为交易底价已由4 487元/平方米提高到5 511元/平方米，且已向全体成员公告，并未损害权利人利益，停止交易活动只会造成农村不稳定因素的酝酿。由于当时正值党代会和"两会"召开的关键时期，因此，原本集体内部的行为被不断注入新的意义以适应特定的制度环境，并最终推动交易活动的按计划进行。

**【案例2】注意力分配**。注意力分配的改变，一方面实现了对变通制度的保护，减少了被干预的可能性，另一方面则通过与原法规要求的衔接，降低了组织的运作成本。如工业用地公开交

---

① 参见《广东省集体建设用地使用权流转管理办法》，广东省人民政府令第100号。

易实施前联审小组所形成的"会议纪要",以保密运作的方式将具体事件的发生、处理过程和结果对外屏蔽,从而避免了公众注意力指向该领域;而对于普通经营性用地使用权出让,国土部门则将宗地交易信息在相关媒介广泛发布,以吸引更多的意向人参与竞买。对于二者的差异,相关负责人则解释道:

> "工业用地这块,长远来看纳的税多,而且一旦投产,GDP 马上就会上来。而普通经营性用地,地方政府主要是用它来实现土地财政,因此,越多的人参与竞买,竞争越激烈,一次性账面收益就越大。另外,工业是实体产业,它配套的是上下游关系,而经营性房地产卖完楼就走了,带动作用没那么大,对地方领导的政绩也不是那么突出。"(访谈材料,2014 年 1 月 10 日)

**【案例 3】结构不一致**。根据国土资源部发布实施的《全国工业用地出让最低价标准》,"工业用地必须采用招标拍卖挂牌方式出让,其出让底价和成交价格均不得低于所在地土地等别相对应的最低价标准"①。但在稍后的《关于调整工业用地出让最低价标准实施政策的通知》中,相关规定进一步调整为:"对各省(区、市)确定的优先发展产业且用地集约的工业项目,在确定土地出让底价时可按不低于所在地土地等别相对应《标准》的 70% 执行"②。由于国家承认了底价调整的合法性,这就为联审小组"把政策用足"开了口子。

以上三个案例显示:在经济发展被确定为国家的阶段性任务

---

① 参见《全国工业用地出让最低价标准》,国土资发〔2006〕307 号。
② 参见《关于调整工业用地出让最低价标准实施政策的通知》,国土资发〔2009〕56 号。

目标后，积极主动服务于地方的权力经营并从技术理性的意义上掩盖其后的权力关系，以获得体制本身和社会民众的认可是国土部门法规运作的主要方式。但基于风险考量，这种变通更多的是建立于法规之上的策略行为。

**2. 法规的循规运作**

田野观察发现，尽管变通运作普遍存在，但循规行为仍有着稳定的实施基础。以下三个案例有助于澄清其作用机制。

【案例1】层级借力。如每当条块僵持不下时，国土部门就会将问题上交至纪委，由权力层级更高的部门予以定夺。

> "对于实在顶不住的，那只能把难题交给上面，让纪委决定了。区纪委牵头的有一个公开交易监督组。镇街的要求是什么，我们的意见是什么，把问题交给纪委。纪委会帮我们挡一些东西，毕竟最后要形成一个公开交易监督组的会议纪要，然后和出让方案一起报区政府批。"（访谈材料，2014年1月20日）

以标明经过党委会集体讨论并形成文件的方式进行合法性宣称，使国土部门得以摆脱外在干扰。在此，层级结构优势成为法规循规运作的依托。

【案例2】风险转移。为避免将矛盾直接集中于自身，S区国土部门要求在正式启动土地公开交易程序前，区、镇（街道）土地权属管理机构或集体建设用地所有权人须先行将工业用地出让（流转）计划（包括地块用地、规划等基本情况）提交区联审小组办公室备案；再由牵头的区经济促进局根据国家政策和产业要求，对项目进行预审评价；审核通过后，才将具体业务移送至国土部门。这就相当于在中间设置了系列防火设施，对风险先行予以阻隔。而各部门的差异化反应，又进一步促发了实施过程中的循规行为。

**【案例3】自我保护。**在调研中，负责公开交易竞买条件审查的土地市场科科长谈及排他条款设置时，特别强调了自身的身份：

> "对上面来说，一个科长什么都不是。轮个岗啊，发配边疆啊，都有可能的，想搞你的话很容易的。所以在保护好自己的前提下，同意或不同意。不要别人收了好处，让我背黑锅。规矩是什么样的，上面的政策是什么样的，我会清清楚楚提出来。"（访谈材料，2014年1月20日）

因此，争议事件的解决就成为根据自身在情境中的身份，将法规与具体情境恰当匹配的过程[1]。这不仅是出于自我保护，某种程度上也是自我认知的反映。

> "我们并不认为单独对某个企业进行扶持是好的。所谓的招商引资的大企业目的又是什么呢？无非是追求企业利润的最大化嘛。扶持政策不应该在供地前就已经出现，长远利益还没有看到，就一次性放利那么大。比如工业用地，招商定向给了它，政府一下就损失50年[2]，最后真正的效益没发挥出来，政府也就收点违约金，得不偿失。一个产业链条是需要上下游去配置的，这种配置按市场规律就行了，政府没必要过多干预。"（访谈材料，2014年1月20日）

---

[1] March, J G, J. P. Olsen. Resiscovering Institutions: The Organizational Basis of Politics. New York: Free Press, 1989.

[2] 工业用地使用权出让年限为50年。

以上三个案例显示：当国土部门在地方权力结构中的地位有利时，其更可能借助科层权威和专业权威对"块"的过度经营加以抵制。即使这种抵制一时难以实现，其仍会在实施过程中利用各部门的差异化反应，阻隔风险、促就循规行为。

综上所述，不同于理性化、标准化的无差异适用，也不同于毫无约束限制的自由变通，实践中国土部门的法规运作更是一种策略性的机会选择。即既受条块结构化因素的制约，又借不同资源的运用而对既有结构的运作方式加以改变。事实上，这正是对条块关系有效调节的关键。

# 本章小结

在自上而下的政策执行过程中，法规的运作究竟意味着什么？循规主义者强调制度结构的制约，认为组织或成员的行为建立在正式法律规定等基础之上，从而呈现出常规性与可预测性的特征[①]。相反，变通主义者则强调行动者选择的自主性，认为这种选择尽管受到既有结构安排的影响，但这种影响不足以从根本上阻碍变迁的可能[②]。事实上，无论是"循规"还是"变通"的解释路径，由于割裂了行动与结构的关系或试图化约这种关系，因此都将导致认知的片面化。正是在这个意义上，本研究将法规的运作视为行动与结构的互动关系。即一方面，法规的运作受所

---

① 周雪光：《组织规章制度与组织决策》，载《北京大学教育评论》2010年第3期，第2—23页。
② 制度与结构变迁研究课题组：《作为制度运作和制度变迁方式的变通》，载《中国社会科学季刊》1997年冬季号。

处组织背景和权力关系的影响；另一方面，行动者可借助不同资源的运用而改变既有权力结构的运作方式。

依循这样的观点，研究将中间组织的法规运作置于条块双重结构化背景和权力关系中。结果显示：首先，国家任务环境变化使法规的运作高度政治化，"循规"与"变通"本身成为国家管理的重要工具。其次，作为同级人民政府的工作部门，中间组织的法规运作与其在地方权力结构中的位置紧密相关。最后，虽然条块不一致的指令要求时常置中间组织于矛盾之中，但实践中的法规运作并非无迹可寻。相反，更表现为机构根据自身在双重结构化背景中的位置以及可供利用的资源所进行的策略性选择。正是通过中间组织这一特殊权力纽结，法规从国家宏大的制度安排转化为实践中可供操作的技术。

但由于不同法规运作方式遵循的逻辑不同，因此在实践中呈现出巨大的差异：如同在服务于权力经营的过程中，借助解释、注意力分配与结构不一致巧妙运作法规；在强调行政治理的过程中，则通过层级借力、风险转移与自我保护机制努力促就法规的循规运作，进而对政治权力加以抵制。就此而言，简单地区分法规运作的"循规"与"变通"意义并不是特别大，重要的在于追问：

"法规具体运作于何种结构背景？"

"这种法规运作方式服务于何种目的？"

"这种法规运作方式转化的条件是什么？"

# 第四章 中间组织对条条关系的调节

在条块的互动中，中间组织借助法规的变通运作服务于"块"的权力经营，以实现国家"经济发展"的任务目标。尽管当任务环境发生变化时，其可根据自身在地方权力结构中的位置而对政治压力进行抵制，但是问题的关键在于：以双重领导为特征的中间组织如何可能听从上级"条"的业务指导，在不同目标及逻辑间灵活转换，进而确保国家意志的贯彻执行？现有研究认为发生于各领域的运动式治理是自上而下纠偏和规范灵活性边界的方式[①]。但对于行政问题是如何脱离制度化形式转由动员机制加以实施的，以及运动式整治又是如何摒弃其异于常态的运作模式，植根于稳定组织基础之上，仍缺乏深入微观层面的分析。

为此，本章通过条条关系调节模型的构建，重点阐述了中间

---

① 吴毅：《小城喧嚣：一个乡镇政治运作的演绎与阐释》，生活·读书·新知三联书店 2007 年版。
折晓叶、陈婴婴：《项目制的分级运作机制和治理逻辑——对"项目进村"案例的社会学分析》，载《中国社会科学》2011 年第 4 期，第 126—148 页。
狄金华：《通过运动进行治理：乡镇基层政权的治理策略——对中国中部地区麦乡"植树造林"中心工作的个案研究》，载《社会》2010 年第 3 期，第 83—106 页。
荀丽丽、包智明：《政府动员型环境政策及其地方实践——关于内蒙古 S 旗生态移民的社会学分析》，载《中国社会科学》2007 年第 5 期，第 114—128 页。
周雪光：《权威体制与有效治理：当代中国国家治理的制度逻辑》，载《开放时代》2011 年第 10 期，第 67—85 页。

组织与上级"条"之间有效权力支配关系的建立过程及作用机制,并借助国土部门土地日常动态巡查与国家卫片执法检查的案例对比,对模型进行了解读。

## 第一节 条条关系调节的结构基础与权力技术

伴随"科学发展观"新治国理念的形成,国家启动了大规模的行政科层建设。但实践中对法治化、规范化治理的强调却也造成与经济发展灵活性需求难以适应的状况,并由此引发诸多困难。这些具体困难,这一不期而遇的现实需求,也为问题的解决提供了新的思路,一个转化的节点。在此,中间组织的调节作用变得愈发重要。

在新的权力配置中,为确保中间组织这一配件的运作符合整个机器的操作原理,服务于国家的目标意图,就必须在条条之间建立有效的联结,这是调节功效正确发挥的前提。而这种联结首先包括政治、行政混同运作的结构基础和在不同目标逻辑间灵活转换的权力技术。

### 一、条条关系调节的结构基础

为使中间组织的实践运作遵循国家任务目标,就需要将行政过程纳入政治背景中,以技术治理的形式服务于政治意图的内容。这就要求中间组织一方面能够深刻把握国家的任务环境变化,另一方面能够按照法治化、标准化的治理要求规范运作。而这两者沟通的基础，则是政治与行政混同运作的组织结构。

根据张静的研究，目前在我国并不存在包含确定性原则和限定的合法性声称的系统，利益政治可随时进入法律过程，从而使法规的运作高度政治化——即不是用规则做标准来衡量行为，而是由利益做标准去选择规则①。法规的不确定性以及政治与行政区分的消失，使政治领域的利益考量直接延伸到行政领域，中间组织也因此成为贯彻国家目标意图的新形式。

实践中，尽管"行政吸纳政治"的方式使国家的治理更为精致——国家只关心如何实现最大的治理效果，而将具体的操作任务交给中间组织，但为了通过中间组织这一管道强化国家政治意图，国家又会不惜代价，亲自发号施令，确保最终目标的达成。在此，现代国家总体化的"利维坦"面目重新呈现。

> "2008年金融危机，刚好我们把土地收得很紧、准备规范管理的时候，温家宝连续来了广东三次，来了浙江几次，给地方政府讲的就是一句话，把经济搞上去，不能把GDP那个点搞下来，口子只能重新打开。包括现在很多国家重点项目，根本挡不住。所以地方官员意见也是很大的：一方面让他们剪彩、发言，说是合法的，他们又不能不去；另一方面程序、批文都有问题，一旦追究问责违法用地就到他们头上，他们都在抱怨说这简直就是逼着他们违法。总之，国土部门不要老埋怨地方政府，地方政府也别老说国土部门，现在各有各的难。"（访谈材料，2012年12月25日）

由此可见，国家一方面力图通过业务功能的纵向整合来实现

---

① 张静：《土地使用规则的不确定：一个解释框架》，载《中国社会科学》2003年第1期，第113—124页。

行政的专业化运作，另一方面又始终难以摆脱政治的恣意干预。应该说，国家从未真正放弃执行过程，相反其只是以另一种姿态重新进入，借由双重领导的中间组织的技术化治理来发挥国家所不便发挥的作用。实践中政治与行政界线的模糊，使法规运作被赋予新的意义——其重要性不在于通过理性化、专业化的技术维系规则的普遍性，而在于忠实贯彻国家目标意图，使法律规则与政策指示紧密结合起来，进而产生特殊的政治效果。

"现在政策执行标准和力度多变，主要服从和服务于经济增长和社会维稳等其他目标。比如之前国土部门搞了一个百日行动，部执法监察局局长张新宝讲土地违法主要是政府违法，达到78％，在社会上影响很大，所以这个时候要治，中纪委干部亲自下来督导。可到了2009年年底，4万亿元放下去了，经济下去不行了，要督促重点项目开工。可到了地方才知道是因为土地问题很多项目开不了工，上不了马。督导组又说不执行中央政策纪委就要介入了。这就使土地问题不单是土地管理本身的问题，而是和整个国家治理模式相关联。"（访谈材料，2014年11月6日）

行政的政治化，使法规的运作作为一项权力技术和其领域之外的政治、经济及社会紧密联系在一起，形成一个相互缠绕的关系之网，而中间组织正处于这一网络的节点之上：法规的理性化运作在实践中发生了畸变，却也在新的结构体系中发挥了独特的功能，由此构成国家机器新的"配置"。

## 二、条条关系调节的权力技术

作为解决经济发展与行政科层化间的紧张、进而调节整个央地关系的产物,以双重领导为特征的中间组织的组建或许只是一个偶然,但由于其与国家政治、行政混同运作之结构基础的契合性以及对灵活性与规范性兼收并蓄需求的一致性,因此成为国家治理可供利用的一种资源。在这一过程中,其一方面通过专业知识的运用而呈现出相对的自主性,另一方面由于这种自主性的范围及行动准则皆由国家设定,因此又与国家结合在一起。但与全能主义政体下国家直接干预进而承担无限责任不同,此时国家开始隐藏在幕后,围绕抽象化的数字进行迂回隐蔽的管控①。

"18亿亩耕地红线守不住了,国家就百日行动,启动运动式治理;GDP那个点下来了,就赶紧抓项目,整了再说。现在哪个都要问责,哪个都必须限时内搞定。"(访谈材料,2012年12月25日)

如同经济管理中国家围绕增长率而放松或收紧,将产值的具体任务留给企业,行政治理中,国家同样围绕统计数字而启动不同模式,只是在此中间组织成为这种治理技术的权力枢纽。专业知识与权力实践的结合,也因此使知识演化为一种技术。具体表现为以下三点。

---

① 强世功:《法制的观念与国家治理的转型——中国的刑事实践(1976—1982年)》,载《战略与管理》2000年第4期,第56—62页。

### 1. 中间组织以专业知识掩盖了权力关系

中间组织作为上级"条"的业务机关，有着一套如同气象、邮电、银行一样的专业知识，因此实践运作首先表现为自主性知识的呈现。但与此同时，行政的政治化也使得机构整合了形式化程度迥异的知识，这是中间组织的法规运作可以在"循规"与"变通"间灵活转换，进而为"块"的权力经营赋予合法性的原因所在。换言之，其是以行政知识的理性化与标准化掩盖了政治权力的短期性与随意性，以至于在一定程度上缓解了经济发展与行政科层化间的紧张。

### 2. 中间组织借程序化运作实现了权力支配

中间组织所遵循的标准化流程，依照法律规则就事实和问题展开的有序论证，使权力支配的任意性隐藏在客观知识的展开过程中而被自然接受。正如在组织被征地农民的听证过程中所看到的那样，国土部门从预先送达《听证告知书》，到现场逐条宣讲权利义务规定；从援引国家政策法规解释补偿安置方案，到针对上访所提交的书面答复和处理依据，都使知识本身成为一种迂回的权力支配方式。如果没有这套程式化策略，法规"要么变成赤裸裸的暴力而受到抵制，要么因失去神秘性和神圣性而被弱化"[①]。

在此，中间组织不仅仅是业务运作的场所，更是进行群众教育和训练的场所。正是通过具体的实践过程，大众知晓什么是自己的权利所在，是法律所保护的；什么是个人应尽的义务，从而必须服从国家需要。在这个意义上，中间组织起到了传播法规、塑造国家所期望主体的作用。

---

① 强世功：《"法律不入之地"的民事调解——一起"依法收贷"案的再分析》，载《比较法研究》1998 年第 3 期，第 47—59 页。

### 3. 中间组织的职能化转移了针对国家的矛盾

中间组织作为一种职能化的业务机关，以理性化、标准化的专业知识掩盖了其后的权力关系，以程式化的运作过程实现了实质的权力支配，以信访和行政复议对可能的冤假错案予以及时补救。这就在灵活隐蔽地贯彻国家政治意图的同时，巧妙将直接针对国家的矛盾转移开来。换言之，正是通过中间组织这一新的权力配置，国家重建了转型时期公共合法性的基础。

如果说传统经济发展的单任务环境以及单纯的权力收放使国家直接暴露于外，并因此承担了治乱循环的全部责任[1]，那么转型时期的多任务环境以及以双重领导为特征的中间组织的组建则是化解不满与反对，进而使国家获得最大支持和认可的有效策略。在这个意义上，中间组织在不同目标及逻辑间的权力技术转换过程，也是现代国家治理策略的转型过程[2]。

综上所述，中间组织作为国家治理的有效管道，是将政治意图自上而下传达至地方，并以专业化技术组织实施的重要工具。实践中，其既有着政治行政混同运作的结构基础，又有着一套运作成熟的权力技术，因此成为国家机器新的权力配置。正是通过这一特殊的枢纽，条条之间重新建立起有效的沟通和支配关系。

---

[1] 周飞舟：《锦标赛体制》，载《社会学研究》2009年第3期，第54—77页。
[2] 强世功：《法制的观念与国家治理的转型——中国的刑事实践（1976—1982年）》，载《战略与管理》2000年第4期，第56—62页。

## 第二节　条条关系的调节模型与经验案例

在条条关系的调节过程中，尽管中间组织以其组织化的、行之有效的技术贯彻着国家的目标意图，但国家始终垄断着最后的纠偏权，并确立了"合法"与"非法"的终极标准及行为界线。因此，实践中的一些变通被予以容忍，另一些则被坚决制止。那么中间组织的程序性技术与国家的组织动员技术是如何实现有机结合的呢？本节通过中间组织对条条关系的调节模型构建以及国土部门土地执法案例对比，对此予以说明。

### 一、条条关系的调节模型

以下将构建一个中间组织对条条关系的调节模型。这一模型的用途在于：第一，阐明处于中央、地方间的中间组织政治、行政混同运作的内部过程；第二，以条条互动的视角，讨论参与各方的行为选择，尤其关注各种行为得以发生的作用机制。由于前述章节已对中间组织的变通运作进行了研究，因此，此处只讨论国家自上而下的政治动员在中间组织内部的确立实施过程。

#### （一）国家常规与动员模式的选择

如图4-1所示，国家可根据对整个政治形势的判断，而启动常规和动员模式。不同模式的选择可视为国家垄断的最终纠偏权的体现。在常规模式中，国家对地方实施中的各种变通予以更多的容忍，以缓解多任务环境下的治理困境。但当这种变通超出预定范围时，国家则以自上而下的动员模式替代之，以达到纠偏和规范灵活性边界的意图①。

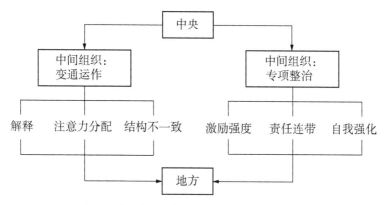

图4-1 中间组织对条条关系的调节模型

国家的不同治理模式决定了条条间的关联状态。常规模式中，中间组织与上级"条"间的业务往来建立在日常期待中，彼此反应缓慢；而在动员模式中，自上而下的压力传导和监督检查使二者处于高度耦合状态，相互反应敏感。从这个角度来看，动员模式是建立有效权力支配关系的方式。但资源和注意力的大量投入也使动员模式运作成本高昂，长远来看难以有效持续。

模型中，国家采取第一步行动。这凸显了组织分析的基本思路：第一，在自上而下的政策实施中，国家始终垄断着最后的纠偏权，并由此确立了"合法"与"非法"的终极标准及行为界线；对于各级"条管"部门而言，这种选择是一种无法控制的外部因素，因此，实践中的一些变通被容忍，另一些则被坚决制

---

① 周雪光：《权威体制与有效治理：当代中国国家治理的制度逻辑》，载《开放时代》2011年第10期，第67—85页。

止。第二,常规模式向动员模式的转换可视为国家运用纠偏权重建自上而下支配关系的努力。第三,不同模式的区分也明确了条条之间相关程度的不同以及相互转化。

## (二)中间组织的反应:不同类型的组织应对和相应的作用机制

在国家具体选择了某一治理模式后,中间组织需要采取相应的方式进行组织应对。由于上一章详细阐述了常规模式下中间组织不同策略的选择及条件,因此以下只讨论动员模式下,中间组织与上级"条"之间有效权力支配关系的建立及作用机制。某种程度上,这是调节功效正确发挥的前提。

如前所述,动员模式的启动使条条之间处于高度耦合状态。因此,打破常规、共同完成自上而下的任务部署,是中间组织的行为基准。在这一过程中,专项整治作为多部门协同行动、联合攻坚的组织策略,是确保国家意志贯彻执行的关键。具体而言,为在行动中形成"一级抓一级,层层抓落实"的压力传导效应,进而提高中间组织的行政效能,纵向权力支配关系主要是通过以下三种机制的相互配合予以实现的。

### 1. 激励强度机制

激励强度机制指奖惩的力度与测量的准确性以及风险承受能力相一致,即如果结果易量化且组织可以承受相应的惩罚压力,则应该提高激励强度,反之则应该降低激励强度[1]。激励强度的

---

[1] Milgrom, Paul, John Roberts. Economics, Organization, and Management. Englewood Cliffs, N. J.: Prentice Hall, 1992.

Holmstrom, Bengt, Paul Milgrom. Multitask Principal – Agent Analyses: Incentive Contracts, Asset Ownership and Job Design. Journal of Law, Economics and Organization, 1991 (7).

加大显然有助于国家政策指令的落实,但也明显超出中间组织的能力范围。作为上级"条"的业务机关,其既缺乏决策过程中的人事、财政和行政的最终控制权①,又缺乏执行过程中基于资源网络调动的实际执行权,因此极易引发目标替代现象。此外,由于是以相对自主的专业知识和基本的运作程序为特征,因此某种程度上反而对大规模的政治动员构成阻碍。为此,就需要进一步将"条"的行政任务转化为"块"的中心工作,以加强地方领导干部的重视程度和责任意识。

### 2. 责任连带机制

责任连带机制指将相关责任主体联结起来,纳入到统一的责任利益共同体中。在这一过程中,借助政治动员和目标管理责任制所构建的奖惩体系,将不同行政层级以及同一行政层级内部相关职能部门勾连起来,形成一种"双轨并联"的制度共同体②,是确保国家目标意图贯彻执行的有效手段。

### 3. 自我强化机制

在常规模式中,自我强化机制使得规则程序不断繁衍扩散,进而限制了组织的适应能力,并引发诸多功能失调现象③。紧随而来的动员模式则成为打破闭锁的重要力量④。在这一过程中,

---

① 赵树凯:《基层政府:体制性冲突与治理危机》,载《人民论坛》2014年第15期,第46—51页。

② 王汉生、王一鸽:《目标管理责任制:农村基层政权的实践逻辑》,载《社会学研究》2009年第2期,第61—92页。

③ Merton, R K. Bureaucratic Structure and Personality. In R. K. Merton, Social Theory and Social Structure. Chap. 8. New York: Free Press, 1957.

Crozier, Michel. The Bureaucratic Phenomenon. Chicago: University of Chicago Press, 1964.

Gouldner, A W. Patterns of Industrial Bureaucracy. Glencoe, IL: Free Press, 1954.

④ 练宏:《激励设计、上下级互动和政企关系》,载《公共行政评论》2013年第1期,第156—167页。

自我强化机制更体现为组织地位与重要性的不断提高。

从激励控制的角度来看，以上三种机制是内在一致和互补的。第一，激励强度机制和责任连带机制是相互支持的。激励强度的增大有助于加强地方领导干部对"条"的业务工作的重视程度和责任意识；而由责任连带机制所实现的多层级、多部门协同行动、联合攻坚则使得依靠加大激励强度所意欲达成的目标最终得以实现。第二，激励强度、责任连带与自我强化机制三者间也是相互支持的。如前所述，通过激励强度和责任连带机制的相互促进，"条""块"之间结合为一种紧密的制度共同体。在这一过程中，"条"的职能是监督检查下级业务部门的工作开展，确保各项指标按时完成；"块"的职能是从组织、资源上保障辖区业务部门的任务落实。这就有力克服了碎片化权力结构所导致的行动困境，从而极大地提高了"条"部门的行政效能。反过来，"条"部门组织地位与重要性的加强以及由此取得的对成员单位考核奖惩权，则进一步推动了激励强度和责任连带机制的实施。所以，激励强度、责任连带与自我强化机制之间也是相互一致的。可见，正是通过三种机制的协同耦合和系统变化，才使中央、中间组织、地方有机结合起来，进而确保了纵向的权力支配。

## 二、条条关系的调节案例

以下将通过S区国土部门土地日常动态巡查和国家卫片执法检查的案例对比，对模型予以解读。研究重点呈现了国家自上而下的组织动员在国土部门内部确立实施的过程，以及两种不同技术结合转换的作用机制。

## （一）土地日常动态巡查的现实困难

土地管理由于承担着保障扩大内需项目用地、促进国家宏观调控政策落实的重任，因此，实践中最严格的土地管理措施往往难以履行到位。尽管《国务院关于深化改革严格土地管理的决定》明确要求："必须正确处理保障经济社会发展与保护土地资源的关系，严格控制建设用地增量……深化改革，健全法制"[1]，但是，以预防为主的土地日常动态巡查仍然呈现出"执法不严、违法不究"的倾向。这主要表现在以下三个方面：

首先是法规文牍主义下的案件处理慢。比如对违法建筑的拆除工作一定要经立案移交法院处理。但由立案到发出处罚决定最少也要两三个月的时间。如果这期间建筑物抢建成功，国土部门的行政手段又有限，那么结果就会很被动。

其次是对违法用地及其建筑物处罚轻。原本按照法律规定应当拆除或没收的，但实施过程中往往以罚款、补办手续替代。如国土部门借临时用地和设施农用地[2]批文做缓冲，然后利用这段时间补办手续，将其合法化。这就使乱用滥占耕地现象难以真正遏制。

最后是对违法行为管得松。比如在农村一块平整出来的土地有很多用途，停车、农村集会、晾晒农作物。对于这些综合用途，国土部门往往仅取其合法的一点——晾晒农作物，而不论其余，这就使得大量违法行为得不到有力查处。

以上现象，可归结为三方面的原因：第一，国土部门强制执

---

[1] 参见《国务院关于深化改革严格土地管理的决定》，国发〔2004〕28号。
[2] 设施农用地是指直接用于经营性养殖的畜禽舍、工厂化作物栽培或水产养殖的生产设施用地及其相应附属设施用地，农村宅基地以外的晾晒场等农业设施用地。

行权缺失。由于法律没有赋予国土部门强制执行权,因此,拆除工作一定要经立案程序移交法院。但法院考虑到执行率,很多情况下并不愿受理。即使立案,也以"条件不成熟、暂缓执行"为由草草结案,难以保证执法效果。

"现在我们移交了这么多案件过去,法院考虑到维稳基本上没有帮我们拆过。有时土地执法部门做出的处罚决定法院根本就不受理,原因是《城乡规划法》赋予当地政府强拆权。但这是对环运局城乡规划来说的,国土并不适用。我们去找环运局,人家也不愿配合,大家心里都明白这东西有难处。"(访谈材料,2013 年 12 月 23 日)

第二,转型时期国家法规不完备。如《土地管理法》第七十六条规定:"未经批准或者采取欺骗手段骗取批准,非法占用土地的,由县级以上人民政府土地行政主管部门责令退还非法占用的土地,对违反土地利用总体规划擅自将农用地改为建设用地的,限期拆除在非法占用的土地上新建的建筑物和其他设施,恢复土地原状,对符合土地利用总体规划的,没收在非法占用的土地上新建的建筑物和其他设施,可以并处罚款;对非法占用土地单位的直接负责的主管人员和其他直接责任人员,依法给予行政处分;构成犯罪的,依法追究刑事责任"。但是,

"地和建筑物是一起的,没收地上建筑物移交国家财政局接收非法所得,地要退还农民集体,怎么操作?何况现在财政局对这一块是不接收的,因为接收了也管理不了。没有报建,没有用地手续,也没有规划要点,要了也没用。"(访谈材料,2013 年 12 月 25 日)

再比如，国土资源部和农业部联合下达的《关于完善设施农用地管理有关问题的通知》规定："设施建设应尽量利用荒山荒坡、滩涂等未利用地和低效闲置的土地，不占或少占耕地，严禁占用基本农田。"① 但是，

> "基本农田是一大块的，配套生产设施不允许占用基本农田，那让它往哪里放？这都是不切合实际的，但是国家层面是管不了你这么多的。"（访谈材料，2013年12月30日）

法规的不完备，使具体执法工作无所适从。

第三，严格执法的情理缺失。如前所述，新增建设用地规模的限制使计划指标在下达过程中存在严重的截留现象。

> "但对于基层来讲，每年肯定是要有一些垃圾场建设、建小学、农村修一条路，这些民生工程由于无法套进省重点项目的笼子，更不能做成国家项目，只能违法用地。还有一个就是农村的宅基地，80%是违法用地，没有指标。"（访谈材料，2012年12月25日）

情与理的缺失使执法过程难以像法律逻辑所坚持的那样，运用普遍主义原则将案件看作"独立、孤立的事件而加以最终的对错判定，而是视为社会关系链和事件连续链中的一个中介环节、一个节点、一个连接部。案件的解决正是要弥合、熨平或重建发生褶皱或断裂的社会关系链和事件连续链"②。在这个意义上，

---

① 参见《关于完善设施农用地管理有关问题的通知》，国土资发〔2010〕155号。
② 强世功：《"法律不入之地"的民事调解——一起"依法收贷"案的再分析》，载《比较法研究》1998年第3期，第47—59页。

严格执法被案件的处理是否可行、是否妥当、是否有利于社会秩序的稳定所代替。

综上所述，诸多现实困难使将违法用地制止在萌芽状态的日常动态巡查难以履责到位，进而导致"违法违规用地、滥用耕地现象屡禁不止，严把土地'闸门'任务仍然十分艰巨"①的现象。为维护土地管理秩序，坚守18亿亩耕地红线，进而促进经济平稳较快发展，借助先进技术所实施的年度卫片执法检查，便成为国家强化控制的有力手段。在此，国家自上而下的动员技术与国土部门内部的程序技术相互结合转化，使以预防为主的日常动态巡查演变为以清拆为主的专项整治行动。

### （二）国家卫片执法检查的动员过程

卫片，是利用卫星遥感监测等技术手段对同一地域不同时点的遥感影像叠加对比后，所呈现的地区土地利用专题影像图片。作为国家落实最严格的土地管理制度的重要举措，卫片执法是建立土地审批、供应、使用、执法监察等业务网络平台的基础，也是国土部门的主要职责所在。每年10月，由国土资源部向地方国土部门下发疑似违法用地图斑，地方国土部门则在核实行政界线、并对误差部分进行修正的基础上，对图斑用地位置、单位时间、审批情况、规划用途以及实际用途等组织内外业调查。在完成地方用地管理信息补充举证和确认工作后，国土部门将与国土资源部综合信息监管平台建设用地审批信息仍不一致的新增建设用地，纳入土地卫片执法工作中。

与日常动态巡查不同之处在于，卫片执法采用的是专项整治的组织策略，因此，国家自上而下的政治动员贯穿于国土部门的

---

① 参见《关于加强土地调控有关问题的通知》，国土资发〔2006〕31号。

运作始终。而其间政治与行政结合转换的机制，主要表现为以下三点。

**1. 激励强度机制**

在卫片执法检查中，为加大对土地违法违规行为的查处力度，国土资源部明确将年度行政区域内违法占用耕地面积占新增建设用地占用耕地总面积的 15% 确定为问责红线。

> "15% 的问责红线，力度是很大的。从全国范围看，2013 年有 30 个省对 291 个市县政府负责人进行了约谈，这个比例是比较高的。从广东省范围看，2013 年广东省人民政府对 QY 市、GY 市、DY 县等违法用地严重地区的政府负责人进行了警示约谈。"（访谈材料，2013 年 12 月 23 日）

而为避免由激励强度加大所导致的目标替代现象，国家进一步将地方的主要领导人而非国土部门的相关责任人确立为问责对象。

> "现在考核那么多，哪个完不成都要问责。可'上面千条线，下面一根针'，最终还要靠领导的重视和推动。所以就要想方设法纳入大老板挂帅的一把手工程了，这样才能作为中心工作保证落实。"（访谈材料，2014 年 11 月 6 日）

在 S 区为加强对土地违法违规案件查处整治工作的领导，由区长任组长，分管政法和国土工作的区领导任副组长，联合相关职能单位及下辖镇街负责人成立了"违法违规用地清查整治行动"领导小组。领导小组的主要职能是：负责审定全区范围内违法违规用地建设查处整治的各项政策、措施，审批重大案件的行动方案，决定查处整治工作中的重大问题，督促各镇政府（街道办事处）及相关部门按要求开展查处整治工作①。领导小组下设办公室（简称"土地违法整治办"），负责查处整治的具体工作。

> "为顺利通过上级检查和不被问责，我们都是靠'两违'清查整治专项行动推进的。区长挂帅，任务逐一分解，责任到人。对于问题特别突出的，区领导或'两违'整治办负责人就亲自带队到现场进行督导。总之那个时候就是要把查处整治工作当作党委、政府的中心工作来抓。"（访谈材料，2014年2月17日）

借助激励强度机制，国土部门不仅强化了对国家意图的贯彻执行能力，而且有效减轻了自身的责任风险。

### 2. 责任连带机制

如前所述，责任连带机制指将相关责任主体联结起来，纳入到统一的责任利益共同体中。其间，政治动员技术再次发挥了特殊的功效。

在S区2013年度"两违"清查整治专项行动中，区委区政府将行动目标确定为：对卫片执法检查在本区发现的违法用地实现立案率、查处率、整改率、结案率100%，违法占用耕地占新增建设用地占用耕地的比例低于10%，确保顺利通过上级检查验收和不被问责。为统一思想、强化落实，动员大会上H区长特别强调：

> "要把查处整治工作作为当前党委、政府的中心工作来抓。对每宗违法用地都要实行详细摸底，并制订整治方案，

---

① 参见《顺德区人民政府办公室关于进一步完善土地执法共同责任制的通知》，顺府办发〔2012〕160号。

合理调配人员和经费,按照'先易后难、先大后小'的原则实施分段分批清拆,对每一次行动的所有细节都要做出明确指引。对自拆案件逐一复查,对逾期不拆或自拆缓慢的现象,立即跟进,实施强拆,做到随拆随清,同时避免引发社会不稳定事件。"(会议记录,2014年2月17日)

以会议的形式凝聚共识,并将国家目标意图逐级向下传达,无疑有助于营造团结一致的氛围。但为在行动中使上下级演化为首尾连贯的共同体,目标管理责任制及相伴的干部考核体系成为另一种重要的联结纽带[1]。

在S区,为调动镇街力量贯彻落实土地执法共同责任制,由区委区政府分别与各镇街党委、政府及国土部门签订了责任书。按照"关口前移,重心下移"的原则,各镇街党委书记成为辖区土地执法的第一责任人,"软任务"也由此变为"硬指标"。

表4-1　S区土地执法目标考核评分量化

| 考核目标 | 考核项目 | 分数 | 评分标准 |
| --- | --- | --- | --- |
| 镇政府(街道办)重视,支持土地执法工作(12分) | 组织领导 | 4 | 未成立的,扣4分 |
| | 专题研究 | 4 | 政府专题研究土地执法工作每半年不少于2次。少一次扣1分,扣完4分为止 |
| | 专门工作经费 | 2 | 没有土地执法工作专项经费的,扣2分 |

---

[1] 王汉生、王一鸽:《目标管理责任制:农村基层政权的实践逻辑》,载《社会学研究》2009年第2期,第61—92页。

续上表

| 考核目标 | 考核项目 | 分数 | 评分标准 |
|---|---|---|---|
| 镇政府（街道办）重视，支持土地执法工作（12分） | 注重专业知识培训 | 2 | 认真组织镇村两级干部国土资源法律法规知识培训，每年不少于2次。少一次扣1分，扣完2分为止 |
| 严格落实土地执法共同责任制（68分） | 落实土地巡查责任制 | 8 | 1. 没有组建由国土城建和水利局、环运分局等部门和村（社区）土地巡查协管队组成的巡查队伍的，扣2分；<br>2. 没有专门用于土地执法的汽车的，扣2分；<br>3. 没有落实"每日一巡"工作制度，没按要求填写巡查日志的，出现一次扣1分。本项共4分，直至扣完为止 |
| | 落实土地违法案件上报制度 | 18 | 1. 每日巡查没有实行"零报告"制度的。本项共3分，出现一天不报告的，扣1分，直至扣完3分为止；<br>2. 每月没有按时上报查处土地违法行为情况统计表的，不按时上报一次扣1分。本项共3分，直至扣完为止；<br>3. 出现漏报的，不能说明理由的，出现一次扣2分。本项共4分，直至扣完为止；<br>4. 出现瞒报的，出现一次扣2分。本项共4分，直至扣完为止；<br>5. 发现宗数率或发现面积率在70%以下的，扣4分 |

续上表

| 考核目标 | 考核项目 | 分数 | 评分标准 |
|---|---|---|---|
| 严格落实土地执法共同责任制（68分） | 落实快速查处整治违法用地制度 | 22 | 1. 对经核实为违法用地的行为没有责令当事人停止建设并限期改正的，每出现一宗扣2分。本项共4分，直至扣完4分为止；<br>2. 对新发生的违法用地，没有及时组织力量对违法建（构）筑物进行拆除的，每出现一宗扣2分。案情重大、复杂的案件除外。对违法建筑已拆除，但没有进行复耕复绿的，出现一宗，扣1分。本项共12分，直至扣完为止；<br>3. 对于经举证不适宜强拆的案件，没有及时依法立案查处的，出现一宗扣3分。本项共6分，直至扣完为止 |
| | 对立案查处的违法用地案件，依法依规做出行政处罚 | 4 | 事实不清，试用法律不当，程序不合法的（含行政处罚决定经行政复议或行政诉讼被撤销的情形），出现一宗，扣2分。本项共4分，直至扣完为止 |

续上表

| 考核目标 | 考核项目 | 分数 | 评分标准 |
| --- | --- | --- | --- |
| 严格落实土地执法共同责任制（68分） | 落实案件移送制度 | 12 | 1. 对依法立案查处的案件，违法用地当事人不申请行政复议、不提起诉讼、又不履行行政处罚决定的，没有在法定的期限内移送法院申请强制执行的，出现一宗扣2分。本项共4分，直至扣完为止；<br>2. 对涉嫌犯罪的违法用地案件，没有及时移送公安机关的，出现一宗扣2分。本项共4分，直至扣完为止；<br>3. 对于需要追究相关责任人党纪或行政责任的，没有移送纪检监察部门追究当事人责任的，出现一宗扣2分。本项共4分，直至扣完为止 |
| | 实现案件卷宗规范化管理 | 4 | 1. 案件档案资料（含信息数据的录入）没有按要求归类，没有及时归档的，扣2分；<br>2. 案件档案资料管理混乱，档案资料有缺失的扣2分 |
| 加强土地执法制度建设（5分） | 土地执法机制和土地目标考核制度建设 | 5 | 没有建立相应制度的，扣5分 |

续上表

| 考核目标 | 考核项目 | 分数 | 评分标准 |
| --- | --- | --- | --- |
| 注重打击土地违法行为的宣传，营造舆论氛围（10分） | 通过网络、电视、广播、报纸等多种媒体和制作简报等形式宣传打击土地违法行为的政策和措施 | 10 | 1. 没有任何形式的宣传，扣5分；<br>2. 没有媒体宣传的，扣2分；有媒体宣传，但次数为5次以下的，扣1分；<br>3. 没有制作土地卫片执法周报的，扣3分；有制作简报，但期数为5期以下的，扣1分 |
| 被通报扣分（5分） | | 5 | 土地执法监察工作被国务院、省（部）级、地（厅）、市、区通报批评的镇人民政府（街道办事处），每次分别在目标考核总得分中扣5分、4分、3分、2分、1分。该项不累计扣分，最高扣5分 |

如表4-1所示，在100分的考核结果中，80分（含）以上为合格，80分（不含）以下为不合格。其中，目标考核成绩在全区位列前3名，且考核成绩达90分（含）以上的镇人民政府（街道办事处），给予以下奖励：

①对镇人民政府（街道办事处）第一责任人优先考虑评优评先；同等条件下，作为干部提拔任用的重要参考依据。

②区政府给予第一名100万元、第二名80万元、第三名60万元的奖励，奖励由镇人民政府（街道办事处）专项用于土地执法监察工作。

③下一年度建设用地指标奖励：第一名奖励 80 亩，第二名奖励 50 亩，第三名奖励 30 亩。

对目标考核成绩在全区位列第 4—7 名，且考核成绩达 85 分（含）以上的镇人民政府（街道办事处），或者考核成绩在全区位列 1—3 名，但考核成绩在 90 分（不含）以下、85 分（含）镇的人民政府（街道办事处），给予 50 万元的奖励，奖励由镇人民政府（街道办事处）专项用于土地执法监察工作。

目标考核成绩不合格的，给予以下处罚：

①取消镇人民政府（街道办事处）第一责任人的年终评优评先资格，并作为干部提拔任用的重要参考。

②由区监察部门对相关镇人民政府（街道办事处）及其负责人实施问责。

目标管理责任制所构建的指标体系和考评奖惩由于在短时间内建构出大范围的责任—利益连带关系，因此将"条""块"间的经济承包制转化为"政治承包制"①，并变相形成"一级抓一级，层层抓落实"的压力传导机制，这就极大地提高了国土部门的行政效能。

### 3. 自我强化机制

在国土管理领域，从横向来看，涉及发改立项、规划选址、施工许可、工商登记、供水供电等多个业务环节。但碎片化的权力结构使得相关部门各自为政，从而极大地降低了合作的可能性。从纵向来看，条块分割的管理体制又使得上级国土部门缺乏向下的实质影响力，因此难以逐级调动基层组织共同构建打击违法用地的威慑力量，这就极大地限制了实践中的行动能力。但在专项整治的动员模式中，借助高层政治权威所构建的领导小组不

---

① 王汉生、王一鸽：《目标管理责任制：农村基层政权的实践逻辑》，载《社会学研究》2009 年第 2 期，第 61—92 页。

仅有效整合了碎片化的权力结构，使相关职能单位共同加入到完善土地执法责任制中，而且通过任务的量化分解以及"责任书"的层层签订，使上下级之间形成一种"上行下效、令行禁止"的紧密关联状态。特别是由于区委区政府将负责统筹协调工作的领导小组办公室设在国土部门，并赋予其对镇街土地执法结果考核奖惩的权力，因此使得国土部门的地位与重要性进一步提高。

> "本来违法用地查处出了国土部门就不好弄，你移交法院，法院就给你放那儿。现在靠党委统筹，办公室设在我们这儿，有了这个地位，才能名正言顺地让别人配合你做事。再就是镇街国土分局，人财物都归镇街政府管，所以宁可看镇街脸色也不看我们脸色。可他们的行政行为是以区局名义做出的，所以引起诉讼上庭的是我们，我们得负法律责任，出了事最后还得我们给他擦屁股。现在不同了，区政府授权我们对结果进行解释和奖惩，来具体实施，这一下就不一样了。"（访谈材料，2013年12月25日）

综上所述，在专项整治中，国土部门的运作不仅是一种行政过程，而且是一种政治过程，是将组织动员技术渗透于程序性技术以实现政治行政混同运作的实践过程。其中，激励强度机制、责任连带机制和自我强化机制分别将国土部门与中央、地方予以多重绑定，进而在"党委领导、政府负责、部门协同、上下联动"的工作格局中，为机构的急速运转提供了无限的动力，为具体问题的解决提供了无可辩驳的依据。也正是通过这一实践过程，使国家垄断的最终纠偏权得以从中央深入到地方，从理论深入到行动。

## (三) 国家治理转型中的一个悖论

组织动员技术与程序性技术的结合转换，使国土部门的实践过程呈现出与日常运作不一样的特征。即一方面强调对国家法规的严格贯彻执行，另一方面又展现出"无法的治理"，进而导致"惩罚的弥散化"[①]。以下借对重点工程和农村违法用地的查处实践，对这一悖论予以揭示。

如前所述，国家、省重点项目和农村民生工程违法用地是执法工作的难点所在。在 S 区 2013 年度卫片执法检查的 3 907.7 亩违法用地中，二者所占面积分别为 2 528.1 亩和 174.6 亩，占到总量的 64.70% 和 4.47%。尽管对经济发展和社会稳定的强调使查处工作面临诸多困难，但为顺利通过上级检查验收和不被问责，对二者的整治又成为不可回避的现实问题。

就国家和省级重点工程而言，按照规定先要由项目单位将新增建设用地有偿使用费缴入中央和省级金库，才能依法办理项目用地报批手续。可是由于工程涉及资金数额巨大，项目单位往往难以及时到位，因此导致延误批文出具、未批先用的违法行为。对此，在专项整治中，由区财政先行代缴便成为及时完善用地手续的解决方法。但这其中存在的问题是，区财政作为公共资金，擅自使用是有违法律规定的。

> "这种代缴是完全没有法律依据的。区财政是纳税人的钱，必须经过人大讨论。可现在为了使区政府主要领导不被问责就拍脑袋决策，程序上是存在很大问题的。但现在是政

---

[①] 强世功：《法制与治理——国家转型中的法律》，中国政法大学出版社 2003 年版。

治责任大于法律责任,所以也没办法。"(访谈材料,2014年2月19日)

可见,在严格规范管理下,虽然国家和省级重点工程的违法问题得到有效解决,但这种解决又是以对法规的突破为代价的,因此与行政科层化下的规范管理是自相矛盾的。这种悖论同样体现在对农村违法用地的查处中。

"对于农民那些简易的、容易拆除的,我们就和区环运局①提前拆除了,这个说白了是不合法的。因为法律规定对建筑物拆除必须做出处罚决定,没有做出处罚决定就拆了,从程序上说就不合法了。如果引起诉讼,政府百分之百是输了。但也顾不了那么多了,要不然我们过不了关。"(访谈材料,2014年2月19日)

至此,以预防为主的日常动态巡查在卫片执法检查中彻底被清拆所取代。而为在全社会形成"打击违法用地、依法用地管地"的良好氛围,S区在清查整治专项行动中借助媒体的强大舆论攻势,对典型违法案件进行了有针对性的报道,并通过在镇街及相关部门设置信息报送专员,对整个行动进度予以实时通报。基层村居的高音喇叭更是每天巡回播放国家的政策法规,强调"守土人人有责"。哄哄闹闹的氛围使专项行动多少有一些整治的功效。正如国土部门执法科科长所言:

"这个也不完全是虚张声势,还是有一定作用的。给村

---

① 环境运输和城市管理局有强拆权,但只适用于查处影响城乡规划的违法建设行为。

民提个醒,告诉他们我们对违法用地是高度重视的,绝不姑息。定期吹吹风,对大家都有好处。"(访谈材料,2013年12月23日)

由此可见,"通过动员的治理"与"通过法规的治理"最大不同在于后者以预防或恢复为目的,而前者以教育或改造为目的;后者仅仅诉诸行政力量,而前者动用整个社会的力量;后者的工作仅仅是权力分工的一部分,而前者的工作却要纳入到国家的政治考量中。正是通过对形势氛围的广泛营造,使得惩罚从"违规犯法"者弥散到"遵规守法"者,进而遍布整个社会[①]。

## 本章小结

中间组织作为国家机器中新的权力配置,其运作必须符合整个机器的操作原理,服从于国家的目标意图。与此同时,政治权力支配也要借助行政程序性技术实现抽象化的数字治理。于是在政治与行政的结合转化中,一套新的权力技术产生了。

与全能主义政体下国家直接干预进而承担无限责任不同,治理转型背景下,国家隐藏在幕后,借由中间组织的操作技术实现迂回隐蔽的管控[②]。实践中,激励强度机制、责任连带机制和自我强化机制分别将中间组织与中央、地方予以多重绑定,进而将

---

[①] 强世功:《法制与治理——国家转型中的法律》,中国政法大学出版社2003年版。

[②] 强世功:《法制的观念与国家治理的转型——中国的刑事实践(1976—1982年)》,载《战略与管理》2000年第4期,第56—62页。

"条"所发动的专项整治转化为"块"的中心工作。也正是通过中间组织这一转换节点，国家垄断的最终纠偏权才得以从中央深入到地方。

  作为国家权力支配的重要工具，中间组织事实上是将政治领域中的利益考量直接延伸到行政领域，因此，其行为准则不是约束权力干预，而是贯彻政治意图。功能的转换，使机构的运作逻辑也相应发生转换。在此，专业知识演化为权力技术。尽管这套裹挟组织动员与程序运作的技术在条条之间重新建立起自上而下的支配沟通关系，并在实践中取得无法替代的作用，但就行政治理自身而言，却是内在自主性的无法确立，而这种自主性恰是现代法治的前提①。于是，一方面是对行政科层化下严格规范管理的强调，另一方面却是以对法规的突破为代价寻求问题的解决。"行政的政治化"和"法律的惩罚化"② 也因此成为国家治理转型中的两大主题。

---

  ①  昂格尔：《现代社会中的法律》，中国政法大学出版社1997年版。
  ②  强世功：《法制与治理——国家转型中的法律》，中国政法大学出版社2003年版。

# 第五章　中间组织对政社关系的调节

在沟通央地的互动中，政治功能强烈渗透于中间组织的运作过程，以致使机构本身成为不同目标和逻辑转化的节点。但作为更广范围的国家与社会关系的一环，其还有着冲突化解功能。在行政科层化建设中，国家对社会权益保障的强调广泛塑造了民众意识，但与此同时，法律规定与现实条件的差距，又使得各种承诺难以兑现，社会秩序由此处于不稳定之中。这意味着国家意图的贯彻执行所要解决的不仅仅是央地关系，其更涉及对整个社会的治理改造。为此，本章采取了关系/事件的分析方法，将"事件"和围绕事件、构成事件的系列权力关系结合在一起[1]，对国家在转型过程中如何将各种社会冲突纳入中间组织这一新的权力配置寻求解决予以考察。

以下以土地管理为例，首先就国家治理转型背景下社会冲突的产生及成因进行阐述，在此基础上通过政社关系调节模型的构建以及相关经验案例的呈现，对国土部门如何利用各种组织网络和权力技术与地方政府共同致力于社会冲突的化解进行分析。

---

[1] 强世功：《法律是如何实践的——一起乡村民事调解案的分析》，参见王斯福、王铭铭《乡土社会的秩序、公正与权威》，中国政法大学出版社2001年版。

# 第一节 国家治理转型背景下社会冲突的产生及成因

中间组织调节功效的发挥，使整个国家层面的央地关系基本得到理顺。在这一过程中，行政科层建设补充了传统对经济发展单一目标的强调，权力经营的实质也因此得以技术治理的形式予以掩盖。总之，借助中间组织"行政吸纳政治"的方法，国家在有效实现自身目标意图的同时，重建了转型时期公共合法性的基础。但是，机构的理性化仅是行政科层建设中的一个环节，与之相伴的社会权益保障仍远未实现，这尤其体现在广大的农村社会中。

## 一、法律形式与实质的背离：社会冲突的导火索

如前所述，以治理为目的的行政科层建设始终与以发展为目的的国家现代化联系在一起，从而使行政科层化所强调的社会权益保障必须服从于国家经济发展的首要目标。换言之，以社会冲突解决为核心的权益保障并不构成一项独立任务。尽管如此，国家在法律形式上仍赋予社会应有的权利。如修订后的《土地管理法》第四十八条规定："征地补偿安置方案确定后，有关地方人民政府应当公告，并听取被征地的农村集体经济组织和农民的意见。"

"虽然组织农民听证只是履行一个程序,但对我们的压力还是很大的,现场什么事都可能发生。他们人多势众,聚在一起闹起来不得了。其实,现在的征地拆迁都是一些人发财的机会。尤其是股份社换届选举的时候,派系斗争,一些人博上位,就拿土地说事儿。说什么支持我,我当上了社长就挽回以前征地的损失,到时候就有多少钱分了。农民错误跟风,就这样子喽。"(访谈材料,2013 年 11 月 21 日)

应该说国家在形式上赋予社会权益保障的程序,在实质上却始终无法兑现,这同样体现在法律条文中。根据我国《土地管理法》的规定,城市市区的土地属于国家所有,农村和城市郊区的土地属于农民集体所有,"国家为了公共利益的需要,可以依法对土地实行征收或者征用并给予补偿"。对于补偿的标准,第四十七条进一步明确为按照被征收土地的原用途进行。其中,对征收耕地的土地补偿费和安置补助费,仅为"该耕地被征收前三年平均年产值的六至十倍"和"四至六倍"。按照"原用途"进行补偿所隐含的逻辑是土地增值收益"涨价归公"。其依据在于土地增值源于国家的基础设施投入和规划改造,与农民无关。但其所忽视的是,增值收益的产生是以农民对土地权利的放弃为代价的,失去这一前提,政府后续的开发建设无从谈起[①]。

"土地是农民的命根,征地是对长远生计的影响。尤其是那些年纪大一点的,也没什么特殊技能,土地被征就等于是断了后路。补偿肯定是不够安安稳稳地过下半辈子的。现在没有给农民发展权的补偿,只是生存权。"(访谈材料,

---

[①] 周其仁:《农地产权与征地制度——中国城市化面临的重大选择》,载《经济学(季刊)》2004 年第 4 期,第 193—210 页。

2014 年 1 月 13 日）

法律形式与实质的背离，使得社会权益保障在实践中往往难以有效落实。然而，行政科层化进程中对所谓权益保障的广泛宣传又制造了民众空前的权利意识。正是国家法律规定与现实条件间的巨大差距，导致了社会内部的争夺，并使社会秩序处于不稳定之中①。

## 二、现实承诺与兑现的差距：社会冲突的触发器

如果说法律公开的权益保障规定与隐蔽的无从兑现事实间的矛盾是社会冲突的导火索，使国土部门处于"麻烦"之中，那么国家为实现自身目标意图所做的现实承诺与兑现承诺的条件差距，则成为社会冲突的触发器，直接置国土部门于进退维谷的境地。

为深入推进征地制度改革，切实维护被征地农民合法权益，广东省根据《国务院关于深化改革严格土地管理的决定》的有关规定，制定了《广东省征收农村集体土地留用地管理办法》，要求国家征收农村集体土地后，按实际征收土地面积的一定比例给被征地村集体经济组织预留发展用地。留用地的使用权及其收益全部归该农村集体经济组织所有②。

---

① 强世功：《法制与治理——国家转型中的法律》，中国政法大学出版社 2003 年版。

② 参见《广东省征收农村集体土地留用地管理办法》，粤府办〔2009〕41 号。

"现在留用地一是没指标，落实不了；二是不符合土地利用规划，根本就选不了址。所以说起来给人留了10%或15%，但其实那块地到底在哪里都不知道。即使知道位置在哪里了，还没指标，也没办法作为建设用地开发或拿出来卖。现在一有新的征地任务，农民就要求把历史遗留问题全解决了，否则免谈。比如 XT 一个镇就有 2 000 多亩没有办手续的留用地，可一年总共才分给镇 200 多亩的指标，难道全都给它？只能慢慢来。所以，我们的政府、国土局每天都在出承诺函，承诺在两年内解决。基本上没有办法解决，怎么解决呢？这个省厅也是知道的。"（访谈材料，2014 年 1 月 16 日）

在治理转型背景下，国家集中关注的是不同目标逻辑间的灵活转换及最终经济的平稳较快发展，至于组织实施的细节并非其关注所在。就如同在土地管理中，国家所要保证的是土地宏观调控政策的应变能力和效果，至于具体矛盾冲突的解决则留给地方政府和国土部门。这固然是决策过程和执行过程分离所导致的必然结果，但更重要的是，只有借助地方政府和国土部门，国家才能置身于冲突之外，保证自身的合法性[①]。因此，从根本上讲，对哪些社会权益予以权宜保障以确保国家意图的达成，对哪些社会权益予以坚决抵制以避免不利因素的滋生，以及其间采取何种矛盾化解技术，是由国土部门协同地方政府共同权衡决定的。

"补偿标准是定死了的，这个口子不能开，要不然以后的工作就没办法做了。但他村里搞一些公益性事业，比如垃

---

[①] 苏力：《为什么"送法上门"？》，载《社会学研究》1998 年第 2 期，第 47—57 页。

坂场啊，污水处理啊，我们可以打报告上去，让政府协助，支持他一下。现在信访的上访量60%都是土地问题，可最后都是以治标不治本的方式解决。还是以项目为中心，以快速发展为中心始终没有变。我们对这方面的回应太差，现在就变成谁闹谁就得点好处，没有从制度设计上认真回应这个问题。"（访谈材料，2013年11月22日）

借助于权力技术将国家的目标意图贯彻到社会，使中间组织不仅具有政治功能，而且具有社会冲突化解功能。事实上，国家也正是通过中间组织这一管道参与到对社会的总体性治理实践中，并从根本上改变着政府与社会的关系。

## 第二节 政社关系调节的组织网络与权力技术

中间组织社会冲突化解功能的关键在于有效组织网络的存在。在此基础上，运用各种权力技术将社会利益与国家利益协调在一起。作为构建社会调节体系的基点，"组织化调控"也因此成为支撑国家治理转型的关键[1]。但与从外部植入新精英进而推行自上而下的垂直整合不同，在广大农村地区，其更将社会动员作为贯彻国家目标意图的有效手段。这种动员一方面表现为从农民实际利益出发，将其组织起来以服务于更大的目标，另一方面表现为对各种非正式权力技术的运用。以下将结合S区的实践，

---

[1] 唐皇凤：《组织化调控：社会转型的中国经验》，载《江汉论坛》2012年第1期，第94—98页。

予以详细说明。

## 一、政社关系调节的组织网络

为适应农村生产力发展趋势,进而从根本上解决新形势下农村社会的矛盾冲突,S区通过推行股份合作制和改革农村区域建制,将农民个体重新纳入新的权力组织网络[①]。其中,股份合作制是为克服分散小农经济的不足而以"大队"为核算单位成立的集体经济组织。其通过"生不增、死不减,进不增、出不减"的股权固化制度,明晰了集体资产归属,确保了农村社会的稳定。更重要的是,股份合作社不仅是经济组织,而且也是地方政权组织,与村民代表会议、村委会实行一套人马管理。凡涉及集体经济事务,由股东代表大会民主投票决定。事实上,正是通过股份社这一组织网络,国家的征地任务才得以避免无休止的个体谈判。

> "现在征地很难,单家独户没法谈。往往是你今天和他谈完,他可能会考虑你提出来的意见,也会接受。可过了几天,他又变了,和你玩捉迷藏。我们现在都是先拿下股份社社长,然后再让他去做村民的工作。做股份社社长的人一般都是当地家族人多、势力大的,这样政策要求的2/3才可能通过[②]。"(访谈材料,2014年1月16日)

---

① 参见《中共顺德市委顺德市人民政府关于进一步深化农村体制改革的决定》,顺发〔2001〕13号。
② 依政策规定,地块处置方案需获得股份社股民户代表2/3以上成员表决同意。

由于股东代表是依照组织章程从农村社会中自下而上选举产生的，而不是简单从外部强加而来的，因此较容易赢得广大农民的支持拥护，从而便利了国土部门的工作开展。

与此同时，为加大农村区域重组力度，加快城市化改造步伐，S区开展了合并自然村和村委会改居委会的农村区域建制改革。对地域相连、规模过小、历史上曾经分合的村进行合并重组；对"城中村"以及位于城乡接合部、人均耕地面积低于全市人均水平1/3的村实现村委会改居委会设置，是此次改革的主要内容。由于"村改居"后，原属农民集体所有的土地自动转为国有，涉及政府征用时只需办理农用地转用审批手续和收回国有土地手续，无须报省人民政府或国务院审批办理征收手续，因此有力规避了"再中央集权化"下国家的严格程序控制。但农村区域建制调整的意义远不止于此，其更主要的是通过新的组织网络，将社会力量凝聚起来，实现更大的目标。这一点尤其体现在《关于合并村和村委会改居委会设置的实施细则》中：

> "今后村（居）委会的主要职责是履行村民自治范围内的事项和协助镇街政府从事行政管理工作，办理本村公共事务和公益事业，指导股份合作社的工作……新的村（居）委会要定期召集并组织村民会议。村民会议须有本村十八周岁以上村民的过半数参加，或者有本村三分之二以上的户的代表参加。"①

此外，由于新的村和居民区党支部（总支）班子成员由镇党委任命，"两委"办公经费和成员报酬由区、镇财政补贴，因

---

① 参见《关于合并村和村委会改居委会设置的实施细则》，顺办发〔2001〕25号。

此,这一组织网络不仅是维护农民利益、实现集体经济持续健康发展的利益协调机制,而且是一个动员村民贯彻国家目标的治理机制。正是通过这一组织基础,政府才最终实现对广大农村社会的治理。

## 二、政社关系调节的权力技术

中间组织对社会冲突的化解以及国家意志的贯彻,一方面是以基层组织网络为依托,另一方面则是联合地方政府运用各种权力技术——如共谋、软硬兼施等,寻求问题的解决。作为所处制度环境的产物,机构权力的技术化运作有着广泛深厚的合法性基础,某种程度上已成为一种制度化的非正式行为①。以下以国家GF环线城际轨道项目为例,对处于中间地位的国土部门的权力技术加以描述。

GF环线城际轨道项目,作为国家"加快基础设施建设,推进区域基础设施一体化"战略部署的重要组成部分,是省政府与铁道部完善区域综合交通运输体系的重点工程。其线路全长35.82千米,包括S区在内的四个市区,工程投资总额188.86亿元。由于建设规模庞大,因此征地拆迁成为一项艰难的工作。在组织农民听证前夕,国土部门召集区人力资源和社会保障局以及项目涉及的三个镇街召开了内部的协调会议。

> 国土部门土地利用科X科长:"这次项目涉及的几个地方不稳定因素比较多,对明天听证工作势必造成一定影响。

---

① 周雪光:《基层政府间的"共谋现象"——一个政府行为的制度逻辑》,载《开放时代》2009年第12期,第40—55页。

今天想了解各镇街所涉及村居目前的基本状况。之前有没有沟通，告知代表的产生，选取多少人作为旁听，镇街现在工作落实到什么程度？"

B镇负责人："我们镇暂时牵涉到三个村，实际呢SL和GC就不稳定，XJ就比较稳定一点。我现在就控制三个人，现在传真上来，每个村就定三个人。GC和XJ就村委会主任和股份社理事、理事长，这些应该就没问题。SL呢有个是干组的，其他两个是外面的人，他又不找村委会的人，JX（股份社社长）说跟他们再联络一下。GC、XJ呢是我来沟通的，我就不允许他们从外面找人来，让他就在村委会找人行了。"

国土部门土地利用科X科长："你就跟JX那边沟通一下吧，他在那里泡得熟了，应该找哪些人，不应该找哪些人，都好清楚。主要是你们B镇起了个'好头'，你们社保标准比其他镇街高①。"

区人力资源和社会保障局负责人："那只能模糊处理了，要不然现场还不炸开了锅。"

L街道负责人："这次听证会有两个村和一个居委会。XY（村）没有征地预公告，第一次只给了一条红线，没有明确站点，没有包括XY，后来正式报的时候才把它加进去的。"

国土部门土地利用科X科长："预公告的程序还是要走的。"

L街道负责人："时间来不及了。"

国土部门土地利用科X科长："你们找个地方贴一贴就算了，把落款日期改成一个月前。"

---

① 全区社会保障费用起始标准为每年1 500元/亩，B镇为每年2 000元/亩。

……

C镇负责人:"我们镇两个副镇长上星期五带队去了三个股份社,将征地事项也和股份社理事长谈了,听他们的意思,股份社问题不是很大。但因为GF环线经过拆迁地,离房子边比较近,但不属于征地范围,担心对生活有影响。距离只有10米左右,施工会有影响。贴征地预公告时,很多村民当时都上股份社咨询这个问题,会不会影响居住。"

国土部门政策法规科L科长:"10米影响还是比较大的。村民提出这个问题,我们要想怎么去解释。拆迁、现金补偿还是采取隔音等其他措施。"

国土部门土地利用科X科长:"这个不应该我们去解释,看项目单位怎么去做了,但项目单位明天不会来。讲这么多具体内容,场面可能会混乱。这些问题尽量避开,我们是为了用地报批听证的,而不是对后续建设问题。我们解释不了,不回应反而更好。要是到时确实产生影响,就由项目单位和地方政府具体协商解决喽。明天听证会办公室要协助找几个保安,维持一下秩序。每个村九个人——代表三个,委托代理不超过六个,六(村数目)九(每个村人数)五十四,也是很庞大的人数。摄像到时找执法科帮忙摄,千万不要安排媒体。"

国土部门政策法规科L科长:"到时真的来七个八个(委托代理旁听),你不让他进也不好。以后我们听证应该搞个证,凭证入场。没证不准进,只认证,不认人。"

国土部门土地利用科X科长:"座位要不要安排?"

国土部门土地利用科L科员:"按股份社来了,前面是代表,后面是旁听。"

国土部门土地利用科X科长:"记录问题?"

国土部门土地利用科L科员:"有L科长在,不怕的。"

国土部门政策法规科 L 科长:"他说快了我让他慢点。你说了一大堆,我给你总结成几句话,你到时就记我总结的就行了。"

……(会议记录,2013 年 11 月 21 日)

通过以上会议记录,我们可以看到:首先,无论是通过民主程序实现的农民权益保障,还是具体社会冲突的实际化解,都不是自发进行的,而是由国土部门借助地方政府及其控制的基层组织网络共同实现的。其中,股份社、村(居)委会以及镇街政府起着挑选代表、协调关系,进而帮助农民克服"小农理性"和"眼前利益"的重要作用。正是依托这些组织网络,国土部门的冲突化解功能才真正得以发挥。

其次,国土部门及地方组织网络的社会冲突化解很少使用法规所规定的程序和惩罚手段,相反却诉诸各种非正式的权力技术。这既表现在利用"保安"进行强力威慑上,也表现在国土部门与区人力资源和社会保障局以及镇街政府所进行的多向度"共谋"上。事实上,这是转型时期专制权力处于明显衰变的背景下,国家意志依然能够得到贯彻的重要原因[1]。

最后,通过各种权力技术所实现的社会冲突化解往往只是"息事宁人",很少能够触及问题的根本。暂不回应、屏蔽媒体、安排座位、操纵记录,仅为治标之策,难有深远影响。因此,通过政府机构所进行的"组织化调控"与基于制度设计的"制度化调控"[2],尽管在矛盾化解的目的上是一致的,但所达致的效

---

[1] 孙立平、郭于华:《"软硬兼施":正式权力非正式运作的过程分析——华北 B 镇收粮的个案研究》,参见清华大学社会学系《清华社会学评论·特辑》,鹭江出版社 2000 年版。

[2] 唐皇凤:《组织化调控:社会转型的中国经验》,载《江汉论坛》2012 年第 1 期,第 94—98 页。

果却是不同的。

综上所述，基层组织网络和各种权力技术的相互结合、相互促进，使中间组织能够协同地方政府致力于转型时期矛盾冲突的化解和社会秩序的维护。在这一过程中，地方政府所构建的基层组织网络为中间组织的权力技术提供了施展的舞台，而中间组织的社会冲突化解技术也在某种程度上促进了地方政府在农村社会的组织网络建设。正是通过二者的配合，政府才真正实现了与社会的沟通，并建立起在社会中的合法性。

## 第三节　政社关系的调节模型与经验案例

中间组织的社会冲突化解功能，不仅是一套组织网络，一套权力技术，而且是一套运作成熟的治理实践，有着内在的作用机理。其总是发生于特定的场景，受相应权力关系的制约。为此，以下通过政社关系调节模型的构建，对中间组织是"如何在社会冲突化解的复杂权力关系网络中贯彻国家目标意图的"进行了分析，并以国土部门征地拆迁的经验案例对模型加以解读。

### 一、政社关系的调节模型

以下构建一个中间组织对政府社会关系的调节模型。这一模型的用途在于：第一，阐明转型时期"软硬兼施"的非正式权力运作策略是如何发生效用的；第二，明确中间组织与地方、社会互动得以发生的作用机制。正式模型的建立需要先行说明参与各方的偏好函数，而此处仅粗略地假设中间组织和地方有着维护社会稳定的共同目标,但二者的成本函数有所不同。

## (一) 中间组织与地方的互动机制

中间组织对地方组织网络的借助,固然是由其作为同级人民政府的工作部门,嵌生于属地权力关系网络的角色特征所决定的,但这种角色特征能够发挥作用,则是由于其与国家治理转型背景下的权力运作技术相一致。如前所述,合法性基础的重建使国家开始隐藏在幕后,围绕抽象的统计数字进行迂回隐蔽的管控①,中间组织和地方则承担了具体的组织实施工作。但由于实践中二者都不具备单独完成国家自上而下任务部署的能力,因此相互配合成为工作落实之需。这具体表现为互惠与合作机制。

**1. 互惠机制**

互惠,是指交往的双方在互动中不能只考虑自身意志和利益的达成,而要同时考虑对方的要求和期待。互惠机制的嵌入,塑造了个体或组织间稳定的关系②,成为实践中的一种责任或义务。

首先就中间组织而言,虽然省以下垂直管理的体制规定使其不再对同级人民政府负责,但实践中却与地方政府存在着密切的互动。暂不论地方政府控制着属地中间组织的财政预算、机构编制以及领导班子以下人员的晋升流动,重要的是后者的日常工作开展也往往需要地方政府的协助。无疑,中间组织与地方政府的管辖范围是一样的,但二者的治理能力却是无法相提并论的。这

---

① 强世功:《法制的观念与国家治理的转型——中国的刑事实践(1976—1982年)》,载《战略与管理》2000年第4期,第56—62页。

② Mauss, M. The Gift: The Form and Reason for Exchange in Archaic Societies. New York: Norton, 1990.

不仅是由于以双重领导为特征的中间组织的组建是相对晚近的事,权力配置自然难以与地方政府比较,更主要的是业务功能的纵向整合使其需要依赖地方行政力量逐级调动基层组织网络,如此才能触及其所治理的对象。

其次就地方政府而言,其虽然有着完善的组织网络,可以将权力触角延伸到基层村居,但却缺乏程序化的运作技术使社会自然接受其所彰显的权力支配关系。换言之,其无法以专业知识的客观公平掩盖权力运作的灵活性与随意性。正是在这一点上,可以洞察中间组织这一新的权力配置产生的奥秘。

**2. 合作机制**

合作,是指共同解决面临的问题、困难或障碍,保证任务的完成和落实。在正式的科层等级体系中,各机构虽然有着明确的任务分工,但实际的政策执行却更多地表现为一种合作关系[①]。特别是对于国家交付的、必须在规定时间内保证完成的任务,由于带有强烈的政治意涵,因此具有不可置疑的合理性。相应地,集中各方资源和注意力成为任务完成的必要保障。

可见,互惠和合作机制将中间组织和地方的权力关系编织成一张互动的网络,沟通着二者的协调,并最终使国家的各项任务部署得到落实。

## (二) 中间组织与社会的互动机制

在中间组织与社会的互动中,权力运作无疑受到农村社会所形成的各种关系的制约。因此,其不仅要合乎法律的规定,而且

---

① Blau, Peter M. The Dynamics of Bureaucracy: A Study of Interpersonal Relations in Two Government Agencies. Chicago: University of Chicago Press, 1955.

必须转化为道德上的合理性，这即是情理法的结合①。而促就这种结合的机制，则主要包括人情面子机制和法律机制。

**1. 人情面子机制**

"人情""面子"，作为稳定熟人社会中流通的资源，是一项可能得以兑现的长期互惠合约。"今天我给你面子，你欠了我人情，明天你可能还我这个人情，再给我面子。"因此，其成为维持农村社会秩序的重要机制②。

**2. 法律机制**

法律，作为体现阶级意志的上层建筑，并非如同条文所宣称的那样是超验正义或公平的化身，而是国家治理的工具③。由于"法与非法""罪与非罪"的标准无论是在规范知识的意义上，还是在权力运作的意义上，都掌握在国家手中，掌握在国家专职机关手中，因此，作为国家治理技术的一部分，法律构成一种新的运作机制④。

可见，人情面子和法律作为"软"与"硬"两种不同的权力作用机制，使中间组织和社会的互动得以围绕情理法的结合有机展开，这是社会冲突化解功能得以发挥的关键。

图 5-1 总结了中间组织对政府社会关系的调节过程。作为政府与社会互动的节点，其连接着二者的沟通与妥协，进而使国家政策法规从宏大制度安排转变为对当事人的实际控制。在这一过程中，中间组织一方面通过互惠和合作机制维系着与地方政府

---

① 强世功：《法律是如何实践的——一起乡村民事调解案的分析》，载王斯福、王铭铭编《乡土社会的秩序、公正与权威》，中国政法大学出版社 2001 年版。
② 梁治平：《清代习惯法：社会与国家》，中国政法大学出版社 1996 年版。
③ 强世功：《"法律不入之地"的民事调解——一起"依法收贷"案的再分析》，载《比较法研究》1998 年第 3 期，第 47—59 页。
④ 强世功：《法制的观念与国家治理的转型——中国的刑事实践（1976—1982年）》，载《战略与管理》2000 年第 4 期，第 56—62 页。

的密切关系,另一方面则与地方政府共同致力于社会冲突的化解。人情面子和法律机制的结合转化使机构的权力运作呈现"宽猛相济"的特征,即既有暴力威慑的一面,又有苦口婆心教化的一面。权力运作的技术化,使中间组织成为国家治理转型中的一种新的可供利用的资源。也正是借助这种"组织化调控"①,国家才在总体上维持了转型时期的社会秩序。

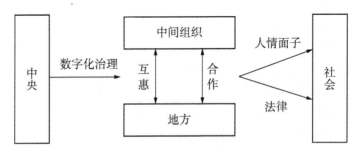

图 5-1 中间组织对政社关系的调节模型

## 二、政社关系的调节案例

在中间组织的社会冲突化解过程中,无论是对地方组织网络的借助,还是对情理法的诉诸,都有着一套稳定实施的运作机制。其将政治社会诸领域的结构要素统合起来,形成具有总体运行规则的线索。以下以国土部门 GF 环线工程中的征地拆迁事件为案例对模型加以解读,以明确各种非正式策略的内在运转机理。

---

① 唐皇凤:《组织化调控:社会转型的中国经验》,载《江汉论坛》2012 年第 1 期,第 94—98 页。

## （一）GF 环线工程的落实过程

在 GF 环线城际轨道项目的最后推进阶段，B 镇 1 247 亩土地已由村负责清场收地并交付镇土地储备发展中心管理。施工单位的大型机械设备也进场作业半月，田间地埂早已被挖掘得凌乱不堪。漫山的黄土混杂着轰鸣的机器声使四下一片疮痍。但在田埂的一角，却由铁丝围栏隔离出数排低矮破败的房屋。杂草没过了门廊，蛛网四结，废弃的水管电线横七竖八。这 39 亩土地本是四户人家正常经营的猪场、鸡场，由于内设一定的建筑物及附着设施，因此租户不接受股份社的补偿标准，迟迟不肯签字。加之其中一户的土地承包合同 2019 年才到期，更增加了实践中的工作难度。

早先，为配合项目进度尽快清场收地，区国土部门曾协同镇土地储备发展中心制定了提前交地补偿方案，并经股东代表大会表决通过。方案规定，对有土地承包合同并在 2010 年及以后到期的鸡棚猪舍，按实际丈量面积一次性补偿如下：

> "沥青棚每平方为 40 元，石棉瓦及星瓦棚每平方 55 元，无上盖的空场地每亩 3 000 元，其他水电设施不再计补，棚舍面积大于合同租地或交租面积的，大部分不作补偿。免收当年的租金，但耕户要在 2014 年 2 月 28 日前清场交地。"①

四户人家显然结成了"攻守同盟"，不为所动。股份社、村委会多次接触无果。这日，国土部门具体负责该片区的 M 副局长亲自走访了解情况，政府机构的权力运作也因此在田间地埂

---

① 参见《镇村合作开发土地提前交地补偿方案》。

展开。

当 M 副局长携区土地储备发展中心、政策法规科、土地利用科负责人到达时,四户人家和村负责人及镇政府工作人员早已等候在田头,抽剩的烟蒂散落一地。车子刚停,B 镇镇长就主动迎上前来,热络地给双方介绍、递烟。M 副局长一行人也并未急着询问情况,而是钻过铁丝栅栏里里外外绕了一圈。最后,在施工单位临时搭建起来的预制板房中,大家坐定。烧水斟茶间,镇长首先开启话题。

B 镇镇长:"现在就剩这 4 户了。当时青苗补偿按每亩 16 000 元包干给股份社清场交地的,但做起来也比较难。后来出了新的奖励规定,现在剩下这 4 户,他的猪场 2019 年 12 月 31 号才到期。"(指向经营猪场的租户)

经营猪场的租户:"补偿太少了。大家地上的东西不一样,对我们不公平,应该重新评估。"

国土部门政策法规科 L 科长:"征地补偿标准国家《土地管理法》都有规定。最高标准不能超过被征收前三年平均年产值的 15 倍。S 区属于三类,统一按最高标准 81 万元/公顷,和别的省比都是高的,广东其他地方也没法和我们比。"

经营猪场的租户:"可大家地上的东西不一样,按一个标准补,我们还是吃亏了。政府应该重新评估,按地的实际产值补。"

国土部门政策法规科 L 科长:"根据实际产值补偿难操作,也不合理。如果是荒地,难道政府就不补偿了吗?"

经营鸡场的租户:"不难操作,我们每一年产值都有。应该根据实际评估后补偿……"(被打断)

国土部门政策法规科 L 科长:"我们要考虑全国的情况,不能因为一地情况特殊,就调整土地补偿标准。你们是吃亏

了,但要有大局观,要少数服从多数。"(现场记录,2013年11月22日)

在以上的冲突化解中,针对村民反映的补偿不公平问题,国土部门的权力行使者首先是以国家法律对最高补偿标准予以定调。但是《土地管理法》第四十七条所规定的"最高不得超过被征收前三年平均年产值的十五倍"是针对每公顷被征收耕地的安置补助费而言的,地上附着物和青苗补偿标准并不适用于此项规定。对此,作为政策法规科的负责人不可能不清楚。显然,其只是借国家法律武器对村民进行前置性威慑。紧接着,权力行使者又通过省间和省内的横向比较,给村民一种"已经多得了利益"的心理预期。可是针对村民进一步缩小情境边界,只在区内进行比较的反驳,权力行使者则借"技术操作困难"对话题进行快速转换,以避免触及问题的核心。并通过与假想的"荒地"进行比较,建构出一种并不存在的虚拟情境。最后,当村民打算就"技术操作"问题进行具体讨论时,权力行使者则上升到了"全国大局观",并以"少数服从多数"的教化言辞打断了讨论。在这一过程中,所谓的"公平"事实上是由权力行使者在错置的、虚拟的比较中所建构的,因此始终无法解决实质性问题。一时间场面变得尴尬起来,大家都沉默不语。

或许是由于缺乏 L 科对国家政策法规的熟稔,也或许是由于田间地埂的场景限制,席间 M 副局长并未发言,只在最后离开时总结道:"会认真考虑大家诉求,回去再研究的。"上车后,M 副局长一行人并未直接回区里,而是给镇长打电话说要到镇政府再商量。镇政府工作人员支开村民后,开车尾随在后。镇政府宽敞明亮的办公室里,M 副局长先行发问:

M 副局长:"当时补偿的时候就没考虑差异?"

B镇镇长:"他们股份社自己表决通过的。后来弄不拢,才又出了奖励规定。我们帮他搞掂98户,现在剩下这4户。"

股份社负责人:"有考虑差异。杂地、鱼塘、鸡棚猪舍,有(土地承包)合同的、没合同的,都有差异。关键是这片地主要是鱼塘,给他们(4户人家)高了,那鱼塘就得更高了,这就没办法弄了。"

M副局长:"现在补了多少?"

股份社负责人:"股份社表决给3家鸡场定的是556 379(元),养猪的那个2019年才到期,还定不了。"

M副局长:"真要评估的话,在哪个数?"

股份社负责人:"3家鸡场少说也得200多万,合同没到期还得再补。"

M副局长:"200多万和50多万差这么多,难怪要和你们闹。现在不是要不要评估的问题,是怎么能够保证不引发前期已签补偿协议的租户反弹,前功尽弃。"

……(现场记录,2013年11月22日)

对比权力行使者前后不同的策略和逻辑,可以发现:首先,场景因素对国土部门权力运作具有重要影响。在田间地埂的公开场景,面对村民的抵制,权力行使者代表的是政府,因此,与社会的互动更强调国家利益的优先性和政策法规的运用;在政府办公室的私闭场景,同作为政府治理下的社会民众,其反而能设身处地地从村民立场考虑,个体权益保障和社会情理的考量才得以可能。在这个意义上,场景本身构成权力运作的一部分。

其次,情理法相结合是国土部门权力技术的运作特征。在以上社会冲突化解的具体场景中,既有借国家《土地管理法》的援引所实现的强制威慑,也有利用多向度补偿标准比较所进行的摆事实、讲道理，更有出于"技术操作"和"国家利益"考虑的情理诉说。于是，在情、理、法的结合中，权力运作呈现出暴力和苦口婆心教化并存的特征。也正是利用这种权力技术，才得以为国家日常治理提供合法性理据，使依托合法与非法间差异的治理成为可能①。

最后，整个社会效果的考量是国土部门行为选择的基准。在完成国家自上而下的任务部署过程中，国土部门所关注的并非是4户人家补偿公平与否的特殊问题，而是着眼于整个社会秩序的稳定。因此，"保证不引发前期已签补偿协议的租户反弹，前功尽弃"成为其行为选择的最终考量。换言之，国土部门权力运作所追求的是法规的"社会效果"，而非制度文本规定的"逻辑效果"②。这种权力运作逻辑也决定了哪些社会权益会得以权宜保障，哪些社会权益注定无法实现。

综上所述，作为政府与社会沟通的中介，国土部门一方面是政府对社会进行治理时所需了解的有关地方知识的载体③，另一方面是社会抵制政府权力时所需了解的规则底线的载体。在这一特殊的信息节点上，其既以强力形象实践着国家的政策法规，又以人情常理弥合着社会冲突。于是，在政府与社会、法规与情理所形塑的权力运作过程中，社会冲突化解功能最终得以发挥。

---

① Foucault, Micheal. On Popular Justice: A Discussion with Maoists. In Colin Gordon, ed. Power/Knowledge: Selected Interviews and Other Writings (1972—1977). Brighton: Harvester Press, 1980.
② 强世功：《"法律不入之地"的民事调解——一起"依法收贷"案的再分析》，载《比较法研究》1998年第3期，第47—59页。
③ 苏力：《为什么"送法上门"?》，载《社会学研究》1998年第2期，第47—57页。

## （二）国土部门的权力运作机制

### 1. 与地方互动中的互惠机制

首先，国土部门的日常工作开展需要地方政府的协助。就像在 GF 环线城际轨道项目的征地任务落实过程中所看到的，如果没有镇政府穿梭于区国土部门和股份社及村民间，或许 M 副局长一行人连 4 户人家都找不到。当然，镇政府的作用不仅仅是召集村民，其同时将区国土部门的意图传达给股份社和村民，将村民和股份社内部的意见分歧传达给区国土部门，并协助股份社"搞掂了 98 户"。正是在这一意义上，地方政府连接着国土部门与基层社会的沟通和妥协。

其次，地方政府也借助国土部门的程序化技术实现对村民的权力支配。事实上，这也正是 M 副局长质疑补偿没有考虑差异时，B 镇镇长首先强调"他们股份社自己表决通过的"原因所在。应该说，互惠机制维系着国土部门和地方政府的互动，使二者在彼此的期待中行使着国家的治理权力。

### 2. 与地方互动中的合作机制

就 GF 环线城际轨道项目而言，其是国家"加快基础设施建设，推进区域基础设施一体化"战略部署的重要组成部分，也是省政府与铁道部完善区域综合交通运输体系的重点工程，计划于 2017 年年底建成通车。时间的紧迫与任务的棘手，使征地拆迁成为一项打断国土部门和地方政府各就其位、按部就班运作过程的"政治任务"，并由此促使二者在紧急动员的漩涡中紧密合作。其间，对于鸡棚猪舍的公平补偿问题，应该说在整个社会效果的考量基准下，本是注定无法实现的社会权益。4 户未签补偿协议的鸡棚猪舍与 98 户已签补偿协议的鱼塘，孰轻孰重不言而喻。但将这一特殊事件置于国家政治任务落实这一更大的场景中时，其又具有不可忽视的影响。换言之，突破常规、紧密合作的权力运作方式为不同群体借以追求利益和诉求提供了契机[①]。最终，国土部门通过聘请有资质的中介评估公司，对租户的建筑物及附属设施进行了评估补偿。但为避免前期已签补偿协议的租户反悔，则进一步通过镇政府将评估价与股份社表决通过的补偿价差额私下直接发放给4户人家。但对于土地承包合同2019年到期的猪场经营者，却提出帮助子女解决就业的要求。

"这个本来和我们征地拆迁无关，也超出我们的能力范围。但为了项目顺利推进，还是和区政府进行了沟通协调。最后是在社工局，帮他安排了一个位置。"（访谈材料，2014年4月11日）

任务环境的变化，使国土部门和地方政府保持着紧密关联的合作状态，先前不被重视的个案也因此被重新审视，只是却也导致高昂治理成本的产生。

### 3. 与社会互动中的人情面子机制

在GF环线城际轨道项目的听证会代表选取中，国土部门X科长嘱托镇负责人和股份社社长JX联络，原因是"他在那里泡得熟了"。显然是由于农村社会积累起来的道德合理性使得股份社社长与村民之间存在某种长期的人情面子。

"股份社社长是农民的领导者，肯定是要帮着农民喽。平时红白喜事都得替农民张罗着，这样才能赢得民心，才能当选。老实说，政府是控制不了他的。只能在日常交往中做

---

[①] 周雪光：《运动型治理机制：中国国家治理的制度逻辑再思考》，载《开放时代》2012年第9期，第5—125页。

工作，找村委会、和他熟的人，接触多一点，把政策和他谈谈，尽量扭转他的心态，让他明白政府征地对他们股份社是一个好处。"（访谈材料，2014年1月2日）

在这一过程中，国土部门与股份社社长的互动也同样是借助人情面子机制，经"村委会""和他熟的人"接触而得以实现的。但这一机制并非总能发挥作用。当一方彻底不给面子、不近人情，即相互期待无法兑现时，则意味着这一互惠合约由于一方的退出而失去了意义。这即是股份社不配合政府工作，不从村委会内部找人，而坚决从外面找人的情形。基于道德化论证的权力运作方式的失效，使得以暴力形象呈现的法律机制随之而来。

### 4. 与社会互动中的法律机制

GF环线城际轨道项目落实中，针对村民对补偿标准的异议，国土部门的权力行使者首先以国家《土地管理法》进行威慑，逼迫村民接受既定事实。尽管其所援引的法律条文并不符合所争议的情形，但这并不妨碍法律话语的应用，因为村民根本无力应用相应的话语进行抵制。这种由法律知识分布不均衡所造成的权力支配关系，也反映出政府与社会的不平等地位。只是由于这种不平等隐藏在基于社会认可的法律话语中，隐藏在使村民感到神秘敬畏而又渴望诉诸以求公平的法律机制中，才使法律在关键时刻所施加的威胁和压力成为社会冲突化解的有效手段[1]。

---

[1] 强世功：《法律是如何实践的——一起乡村民事调解案的分析》，参见王斯福、王铭铭《乡土社会的秩序、公正与权威》，中国政法大学出版社2001年版。

## 本章小结

本章采用"关系/事件"的研究方法对国家治理转型背景下中间组织的社会冲突化解功能进行了考察。研究发现：借助地方组织网络所进行的权力技术化运作是中间组织实现政府与社会沟通的关键。在这一过程中，权力实践的展开不仅是法律机制的运用，而且同时是人情面子机制的运用。即基于具体场景的权力运作，是情理法的有机结合。

依循"关系/事件"的分析视角，本研究对政府与社会或曰法律与情理的讨论不再满足于用含混的"连续统一体"来概括"二者关系是什么样的"[①]，而是进一步追问："二者在实践中是如何运作的""其内在作用机制为何"。因此，在落实国家自上而下的任务部署时，所看到的不仅仅是社会冲突的化解，而是限定这种解决方式的条件：借助地方组织网络所进行的"代表挑选""权力共谋"和实践中的种种"息事宁人"之举，是受中间组织与地方政府以及农村社会关系所制约的；而4户人家的公平补偿诉求能够得到重新审视，则是因为其处于国家"政治任务"落实这一更宏大的场景之中。

在以上权力关系共同编织的网络中，我们清晰地看到正是借由中间组织的运作技术，政府才最终实现对社会的有效治理。在这个意义上，"作为国家权力的法律并不是像光一样畅

---

[①] 强世功：《"法律不入之地"的民事调解——一起"依法收贷"案的再分析》，载《比较法研究》1998年第3期，第47—59页。

通无阻地直射于社会生活,而是在基于场景的权力关系网络中,在种种冲突和妥协中,以迂回曲折的方式触及到社会生活的"①。

---

① 强世功:《法律是如何实践的——一起乡村民事调解案的分析》,参见王斯福、王铭铭《乡土社会的秩序、公正与权威》,中国政法大学出版社2001年版。

# 第六章　中间组织的调节失灵及原因

多任务环境的产生以及中间组织重要性的凸显,标志着"再中央集权化"背景下国家治理转型的开启,从此权力经营的实质得以技术治理的形式予以掩盖,法治化、规范化和技术化也因此成为公共合法性的基础所在。新的机构配置在增加不同目标意图贯彻执行灵活性的同时,有力强化了国家自上而下的政治控制,因此成为理顺中央—地方,以及更广范围的政府—社会关系的权力枢纽。在这一特殊的纽结上,政治功能与社会冲突化解功能的有机结合,使"中央""地方"及"社会"重新发生了内在关联。

尽管如此,中间组织的具体实施过程并非总能尽如人意。国家不同目标逻辑的频繁转换、激荡社会民情的不稳定爆发,以及由此导致的治理权力的进一步集中,都造成其调节失灵。为此,本章结合具体案例,对这种失灵予以描述,并从学理上给出相应的解释。

## 第一节　条块关系的调节失灵

在中间组织对条块关系的调节过程中,我们看到双重结构化背景及"工作小组"的组织策略对机构法规运作的影响。"循规"与"变通"作为两种不同的法规运作方式,在相互利用和转化的过程中,既服务于权力经营又抵制其后的权力关系。尽管这一策略有效增加了国家不同任务目标贯彻执行的灵活性,但也使机构自身处于持久的张力之中,因而划定了调节的限度和适用范围。以下借助S区LY物流城项目所提供的经验素材,对这一失灵现象予以理论分析。

# 一、一项大型经济工程的落败

LY物流城,作为全国最大的以不锈钢贸易加工、仓储配送以及信息交流为主的大型现代化产业基地,是S区委、区政府重点发展的产业项目之一。其占地面积1324亩,总建筑面积44万平方米,自2007年规划建设起,投资额达12亿元。目前,有上千家商户进驻经营,从业人员超过2万人。由于有效整合了产业加工链条,因此中心以提供"一站式贴身服务"著称,并由此推动了当地配套产业的迅速发展,不锈钢加工也因此成为S区继花卉生产、机械制造的第三个具有全国影响力的产业品牌。但是项目庞大的用地规模、政策执行过程中由利益引发的矛盾冲突以及紧随其后的国家治理模式转换,也使得一项意欲促进经济发展的大型工程,偏离了政府最初的良善意愿,并引发严重的社会矛盾。

**1. 经济发展目标下的法规变通运作**

前述条块关系的调节模型提出,国家在不同任务目标选择间有着主动权,从而开启中间组织和地方的互动过程及随后的法规运作方式。田野研究发现,国家经常在经济发展和行政科层化目标之间变动转化,进而导致中间组织与地方之间关联状态的变化。但在大多数情况下,经济发展目标具有实施的优先性,这就促使中间组织积极主动服务于地方的权力经营,并在工具理性的意义上赋予后者合法性。

以 LY 物流城项目为例,其涉及 S 区 C 镇两个股份社 1 324 亩集体土地,拆迁房屋 40 余间,征地补偿费用、拆迁安置费用、办证费用以及由于提前终止土地承包合同而增加的补偿费用,累计逾亿元。这不仅超出 S 区国土部门的审批权限,而且严重超出其补偿支付能力。在此情况下,国土部门采取了拆分审批的策略。即将 LY 物流城 1 324 亩土地中的 917.274 亩分五个批次于 2006—2009 年由上级政府批准办理了建设用地手续,另 4 宗 60.6855 亩土地属于 1999 年之前经原 S 市人民政府批准的集体建设用地。剩余 346.04 亩土地则由于指标短缺仍未能取得用地批文。对于巨额补偿费用,国土部门则在合作协议中约定由项目单位提前介入前期开发工作,并承担相关费用。这事实上是以拆分审批和先行确定土地使用者的方式进行土地利用,因此涉及国土部门对法规的变通运作。只是由于这一变通是以技术治理的形式程序化进行的,因此并未受到过多关注。

## 2. 治理模式转化下的调节失灵

如前所述,国家行政科层化目标的实现程度往往因中间组织在地方权力结构中的位置而有所不同。但为从根本上保证经济的平稳较快发展,国家常会通过治理模式的转换来确保自身意图的贯彻执行。在自上而下的动员模式中,激励强度的加大、责任连带以及机构的自我强化,促使中央、中间组织和地方重新耦合在一起。但当动员模式的启动并非实现行政科层化目标之需,相反仅为国家应对社会压力暂时之举时,则造成中间组织的调节失灵。

就 LY 物流城项目而言,其是以土地租赁的方式与 C 镇 T 村和 DD 村股份社合作开发的,因此,由项目单位按照村集体表决通过的租金标准一次性支付 40 年的土地租金。但 2011 年 3 月以来，T村和DD村村民却以"租金低、租期长"为由多次到省政府和国土资源厅上访。而其中尚未办理建设用地手续的346.04亩土地，更成为数百民众围攻政府的有力证据。

大规模社会冲突的爆发，促使国家治理模式的转换。随之而来的密集督促检查更使国土部门成为各方关注的焦点。但由于此时国家经济发展的任务目标并未发生变化，只是外部环境的震荡使治理模式暂时予以转变，因此，国土部门难以调动地方组织力量对违法用地行为进行根本整治，相反却处于政治权力压力之下。在地方权力结构内部，基于项目的重大意义，区发展规划和统计局为项目单位未批先建的违法建设行为补办了《建设工程规划许可证》，但国土部门却由于上级专责工作组的派驻调查而难以公然为项目单位补办土地流转手续，这也成为意欲促进经济发展的大型工程最终落败为全国瞩目的违法建筑的关键所在。根据《广东省集体建设用地使用权流转管理办法》第十五条的规定："集体建设用地使用权出让、出租用于商业、旅游、娱乐等经营性项目的，应当参照国有土地使用权公开交易的程序和办法，通过土地交易市场招标、拍卖、挂牌等方式进行"[①]。LY物流城项目以租赁方式使用集体建设用地开发建设，却并未经公开交易的程序办理土地使用权流转。虽然案发后LY有限公司主动提出将合同租赁期40年的租金用以补办土地使用权流转手续，但国土部门仍采取了风险规避的策略，从而极大地降低了项目的合法性。而由此引发的村民大规模连续上访，则更造成国土部门社会冲突化解功能的失效。

以上案例反映了中间组织对条块关系有效调节的条件：第一，国家不同治理模式的启动与所期望实现的政策目标相匹配，而非应时之举。在国家治理转型背景下，行政科层建设的强调往

---

① 参见《广东省集体建设用地使用权流转管理办法》，广东省人民政府令第100号。

往使对相关制度的落实成为国家监督检查的重要任务，并由此启动动员模式。如为优化土地资源配置，建立公开、公平、公正的土地使用制度，国家要求将落实工业用地招标拍卖挂牌出让制度的监督检查作为一项重要任务，定期组织实施。但这也造成公开的行政科层建设与隐蔽的经济发展事实间的矛盾因动员模式的启动而进一步加剧，从而置中间组织于持续的张力之中——经济发展的要求需要其服务于权力经营；但国家动员模式的启动又降低了法规变通运作的可能。正像在 LY 物流城项目中所看到的，国土部门由经济发展目标下的法规变通运作到动员模式启动后的相机而动，使一项本欲促进经济发展的大型工程落败为各方瞩目的违法建筑，并引发严重的社会矛盾。

第二，中间组织的法规运作不受激荡社会民情的干扰。无论是"循规"还是"变通"，作为上级"条"的业务机关，中间组织的法规运作所遵循的是"程序正义"，但传统农业社会形成的逻辑和对政府机构的预期趋向于"实质正义"[①]。因此，当村民以"租金低、租期长"为由推翻集体表决结果时，理所当然要求国土部门做出相应回应。在这种情境下，即使是完全的循规运作，也无法抵挡强大的社会压力，无法恪守法规所要求的行事逻辑。因此，中间组织对条块关系的有效调节有着相应的社会前提条件。

---

① 苏力：《送法下乡——中国基层司法制度研究》，北京大学出版社 2011 年版。

## 二、"工作小组"组织策略的反思

在中间组织对条块关系的调节过程中,"工作小组"是地方权力结构内部一种独特的政治运作形式。由于重在"制订战略、推动变革",而非"制订计划、维持稳定"①,因此其为法规的变通运作提供了基础。相应地,对条块关系的调节失灵也往往归咎于中间组织在其中的不利位置以及由此产生的地方过度干预。为此,还需对"工作小组"这一组织策略予以反思。以下基于国土部门组织成员的自我评价,来展示"工作小组"是如何同现实条件相联系的。

田野调查发现,尽管国土部门许多工作人员并不否认迫于地方党政部门的压力,联审小组的最终结果往往有悖公开、公平、公正的土地使用制度要求,但总体看来,这一组织策略对国土部门利大于弊。理由如下:

第一,在目前情况下,如果不经过联审小组集体讨论而直接由国土部门启动土地公开交易程序,则容易造成权力腐败或法规运作不公。如前所述,提交联审小组的案件一般来说是具有重大影响或国土部门党组内部无法取得统一意见的案件。由于比较重大,因此会有来自各方面的影响,包括地方党政"一把手"的"打招呼""诉苦"甚至"告状"。在这种情况下,"工作小组"构成对权力滥用的制约和监督。

---

① 吴晓林:《"小组政治"研究:内涵、功能与研究展望》,载《求实》2009年第3期,第64—69页。

"经常有下面的书记、镇长上来，说又引进好项目了，以后税收有着落了，让我们快一点给他推出去，条件放宽。这些人要不就哭穷，说揭不开锅了，就指望这块地了；要不就到处告状，说我们教条、死板，认识不到这个项目的重要性。那我们也只能跟他说这个要上会讨论的，我也做不了主。设了条件的，还要提交纪委。当然并不是每一份都到了领导那里，我们挡了有七八成的。"（访谈材料，2014年1月20日）

事实上，最终结果一般不会太过离谱，绝大多数官员一般不会为了暂时的利益而放弃长远的职业生涯考虑。即便是徇私，也会利用一些技巧和理据，即"所谓的帮也不能过分，起码不能说只有某个竞买人才可以，要有一个差不多的条件"。在这个意义上，"工作小组"成为抵制不当干预和自我保护的机制。

第二，联审小组的集体讨论在某些方面有助于形成一些规则性的具体做法，从而限制了对法规的无节制变通。工作小组作为脱离正式等级序列的组织形式，虽然使针对情境需求的"一事一议、特事特办"成为可能，但也并非每一案件都会形成一套新的做法。尤其是类似案件若得不到相近处理，极易引发社会矛盾。而在联审小组中，经集体讨论所达成的共识，以及比照先前案件所形成的习惯性做法，则缓解了实践不统一等问题。

"很多时候法规没有具体的操作细则，都是一些原则性的规定，没法拿来直接用。全凭个人揣摩，一是标准不统一，二是出了事搭进去的可是自己。提交联审小组，集体讨论决定，就不是哪个人可以个人说了算的。这个对我们还是有好处的，至少可以积累一些经验。"（访谈材料，2014年1月20日）

可见,"工作小组"在一定程度上促进了法规的运作统一,并便于具体可供操作之经验的积累。

第三,从政治过程的角度来看,由于联审小组纵向上连接了"意见表达到意见综合""意见综合到政策制定""政策制定到政策实施"的中间环节;横向上协调着各个部门的行动①,因此使问题的最终解决得以可能。实践中,国土部门将案件提交联审小组,部分原因是工作的落实需要多部门的配合,因此要由地方党委出面协调。如同在 LY 物流城案件中所看到的,项目用地的合法化不仅涉及国土部门而且关涉区发展规划和统计局对相关规划要件的核发。特别是针对国家治理模式的转变,由地方党委调动法院力量进行矛盾消弭更成为问题解决的唯一途径。最终,法院通过利用村民"租金低、租期长"的信访诉求将问题引致租赁合同的有效性上,并以"聚众扰乱社会秩序罪"对 9 名"有意图者"进行判处后,才使社会冲突得到根本平息。可见,国土部门的社会冲突化解功能也需要具有实质影响的地方"工作小组"的支持。

以上讨论显示了"工作小组"存在的合理性,但并不意味着这一组织策略的具体运作没有改进之处。首先,工作小组组成成员相关专业知识的缺乏常使集体决策容易跟风,因此极大地依赖具有专业素养的主管人员现场陈情利弊的汇报技巧。其次,在国家对工业用地出让制度定期监督检查和责任追究的鼓噪下,为规避风险,国土部门将越来越多的案件提交联审小组集体讨论决定,从而加重了联审小组的运作负荷。这些都不利于"工作小组"支撑性功能的发挥。

综上所述,地方权力结构中"工作小组"的组织策略作为

---

① 吴晓林:《"小组政治"研究:内涵、功能与研究展望》,载《求实》2009 年第 3 期,第 64—69 页。

一项制度性实践，某种程度上便利了中间组织对条块关系的调节，因此在当前条件下有其存在的合理性。这就要求我们深入理解这一组织策略的内在逻辑和实际功用，以做出应有的反思。

## 第二节　条条关系的调节失灵

在中间组织对条条关系的调节过程中，我们看到政治行政混同运作的结构基础及"专项整治"的组织策略对机构执法行为的影响。行政法治化、技术化治理优势与政治运作高效性、灵活性的有机结合，使国家重新建立起自上而下的权力支配关系。尽管中间组织这一新的机器配置使国家得以隐而不显的方式克服行动困境，进而实现宏观层面的纠偏，但常规工作的动员实践也消解着机构自身的合法性，造成其以专业知识为基础的权力技术运作失灵。以下将通过两个案例的对比，予以详细说明。

### 一、差异化的执法实践

中间组织在中央地方互动中所处的特殊位置和政治行政相混同的结构基础，使其具体的执法实践不仅与技术治理所要求的专业化、标准化不同，而且与政治支配下权力运作的短期性、随意性也有所不同。某种程度上更体现为专业知识与权力实践结合而成的一套技术。但这一技术的内在不兼容也造成中间组织的运作失灵，以下试举两例。

### 1. 默许纵容的弱执行

在S区的城市升级试验中，JH农业生态园作为转型发展的标本，是区委、区政府重点打造的"亮点工程"。其以高产养殖和种植为特色，集农业生产、自然观光、科技示范于一体，是现代农业的典范，每天到此参观的团队络绎不绝。但由于整个园区都位于基本农田范围内，因此，其中的配套生产设施理所当然成为违法建筑。尽管区国土部门之前以农业结构调整为由与上级部门展开合法性申诉并获得认可，但近年来随着园区建设规模的扩大和租户永久性建筑物的落成，这一违法行为成为国家卫片执法检查难以回避的问题。

> "前几年在平整土地的时候，就已经被拍到了。由于当时还处于整治阶段，没有进行建设，我们就和上面说是农业结构调整，上报是通过了的。但今年又被卫片拍到了，有路网和永久性建筑物在里面。种树肯定是需要看护的，所以起一个小房子作为看护也是可以理解的。但是现在很多东西都变味儿了，名义上是作为农业开发，可实际上是建立小农庄、小别墅用来享乐或朋友谈生意的落脚点。这些租户有一种攀比心理，你能建成这样的，我在你的基础上再建好一点或再建超标准一点，一再挑战政府的底线。"（访谈材料，2013年12月30日）

拆除，对于缺乏强制执行权的国土部门本已十分困难，而要真正拆除区委、区政府着力打造的"政绩亮点"工程更可谓难上加难。目前，加强日常动态巡查，防止建设规模继续扩大，成为国土部门唯一可以做的。

### 2. 齐抓共管的强执行

S区LC镇L村经济联社早在20世纪90年代初就将集体土

地兴建厂房出租。近年来客商纷纷自行将厂房翻修，在原地兴建起 20 000 多平方米的多座混凝土结构建筑物。由于劳村经济联社长期以来并没有办理建设用地审批手续，直到调查结束时止，也只是部分地块取得了用地批文，且没有经过供地环节，因此涉及违法用地中的"未供即用"问题。对此，国土部门做出如下行政处罚：责令退还土地；没收地上新建的建筑物和其他设施；处以罚款。但其中存在的问题是：为何多年的违章建筑一直正常运营，现在翻修后突然追究起违法用地行为？国土部门给出的解释是：

> "以前是按照'老人老办法'的原则，作为历史遗留问题特殊处理；现在进行大规模翻修后，必须视为'新人新办法'，土地使用证、房产证、消防合格证，三证齐全才能生产经营。"（访谈材料，2013 年 12 月 28 日）

此种理由当事人显然难以接受，并同时向 S 区所在市人民政府提出行政复议。行政复议中，作为申请人的商户以"在申请人生产经营的七年多时间里，被申请人作为土地行政主管部门从未到涉案土地巡查监督"为由，请求撤销处罚决定书。市人民政府则认为："法律并没有规定被申请人在做出处罚前要履行监督检查的前提条件，申请人作为土地使用者，应当有义务知道土地的性质并应主动办理建设用地审批手续"，并最终裁定维持被申请人作出的《国土资源行政处罚决定书》[①]。

行政复议结束后，国土部门迅速向区人民法院申请了强制执行。与以往法院百般推脱，并以"条件不成熟，暂缓执行"为由的结案方式不同，此次法院一经受理，立即对涉案土地实施了

---

① 参见《行政复议决定书》，行复〔2010〕14 号。

查封，并发出公告责令被执行人及其他居住人员于指定日期前搬迁出上述非法占用土地及违章自建的建筑物。区财政局也于第一时间对新建建筑物和其他设施予以了接收。对于为何此次违法用地的查处如此雷厉风行，国土部门负责人坦言：

> "其实未供即用都算小问题了，国家要控制的是新增建设用地。更何况它符合土规，一般罚款就算了。可这次关键的一点是以前的口号叫'筑巢引凤'，所以什么都给你。现在要转型升级，要'腾笼换鸟'。我们区村级工业用地比重太高，占全区城乡建设用地的25.53%。多以粗放型、外延式扩张为主，分布分散，聚集度不高。现在区里不允许兴办村级工业园了，要城乡统筹发展。主要的问题还是建设用地供需矛盾太突出啊。"（访谈材料，2013年12月28日）

据悉，上述厂房所在区域已被区政府纳入"三旧"改造范围。由于"三旧"改造是目前政策允许的解决历史遗留违法用地问题的唯一途径，不仅不需要用地指标，而且可以协议出让，因此是保证开发商利益的最佳方式，而拟建设的项目也正在洽谈之中。

以上两个案例显示的是国家动员模式下的弱执行与常规模式下的强执行，因此涉及中间组织对条条关系的调节失灵。细究其间的原因，可以发现以下三点。

第一，基于利益考量的选择性执行，由于有悖中间组织的公平执法原则，因此引发结果的不确定性。以普遍规则为基准的专业运作所遵循的是逻辑推理和法规适用，因此可凭借行为的稳定性与一致性而获得各方的认可。但当这种自主性被政治利益所干扰时，相应的权力支配关系也难以实现。在"默许纵容的弱执行"中，正是国土部门的有意庇护才使得租户有机可乘，进而一再挑战政府底线。这种结果的不确定性同样体现在"齐抓共管的强执行"中,尽管最终国土部门借助各部门的协同行动达致目标,却也引发随后的行政复议。应该说,公平的缺失是中间组织调节失灵的重要原因。

第二,以利益做标准来解释规则,造成判断先于法规的适用、推理和论证。在案例二中,市人民政府以"法律并没有规定被申请人在做出处罚前要履行监督检查的前提条件"为由替国土部门的不当行政处罚程序开脱,同时要求"申请人作为土地使用者,应当有义务知道土地的性质并应主动办理建设用地审批手续"即是例证。在这个意义上,基于行为后果的预期和利益情势的判断所进行的执法,使法律纠纷的性质朝向政治性转化:核心不是裁定何为合法行为,而是判断何为政治上可接受的规则[①]。但这并不意味着先前的判断会一直被坚持。当法律规则与直觉判断存在严重冲突时,先前的判断也会被修正。这即是案例一中当租户一再挑战政府底线使违法行为日益严重时,上级政府对国土部门的执法行为予以重新审视的情形。

第三,中间组织的事实裁剪技术,造成国家治理模式转换失效。如前所述,中间组织以专业知识为基础的权力技术使国家得以隐藏在幕后,围绕抽象化的数字进行迂回隐蔽的管控[②]。但也正是这套将复杂多样社会事实建构为符合逻辑推理和法规程序的"案件制作术"[③],使国家借助治理模式转换所实现的沟通支配关系趋于失效。案例一中,信息的模糊性赋予国土部门与上级部门

---

[①] 张静:《土地使用规则的不确定:一个解释框架》,载《中国社会科学》2003年第1期,第113—124页。

[②] 强世功:《法制的观念与国家治理的转型——中国的刑事实践(1976—1982年)》,载《战略与管理》2000年第4期,第56—62页。

[③] 强世功:《法律是如何实践的——一起乡村民事调解案的分析》,参见王斯福、王铭铭《乡土社会的秩序、公正与权威》,中国政法大学出版社2001年版。

合法性申诉和互动中更大的谈判能力①,因此"农业结构调整"的说辞使动员模式下的弱执行成为可能;案例二中,在现有体制外开辟新运作空间的"双轨制"使得国土部门的行为选择更具有灵活性②,因此"老人老办法,新人新办法"的口实使常规模式下的强执行成为可能。可见,中间组织的权力技术在重新建立自上而下支配关系的同时,也消解着这种支配关系。

## 二、"专项整治"组织策略的反思

在中间组织对条条关系的调节过程中,"专项整治"作为推动地区性重点、难点工作,加强领导干部重视程度和责任意识而展开的多部门协同行动、联合攻坚的组织策略,是将"条"的行政任务转化为"块"的中心工作的关键所在。因此,针对中间组织对条条关系的调节失灵,还需从这一组织策略上予以反思。以下将结合田野观察,对"专项整治"解决问题的能力进行讨论。

如前所述,专项整治中激励强度的加大和责任连带促使上下级间的经济承包制转化为"政治承包制"③,并变相形成"一级抓一级,层层抓落实"的压力传导机制。在这一过程中,由地方党政"一把手"挂帅的领导小组的建立,由于有效整合了碎片化的权力结构,因此极大提高了国土部门的行政效能。但这并不

---

① 周雪光、练宏:《政府内部上下级部门间谈判的一个分析模型——以环境政策实施为例》,载《中国社会科学》2011年第5期,第80—96页。

② 渠敬东:《项目制:一种新的国家治理体制》,载《中国社会科学》2012年第5期,第113—130页。

③ 王汉生、王一鸽:《目标管理责任制:农村基层政权的实践逻辑》,载《社会学研究》2009年第2期,第61—92页。

意味着"专项整治"的组织策略可以任意使用而毫无代价。具体而言,其存在以下运作局限。

第一,常规工作的动员实践以及把行政问题转化为政治问题的趋向,消解着专项整治的治理功效。专项整治作为提高下属业务部门行动能力的综合管理办法,是借助高层政治权威组织实施的制度形式。但当各部门竞相借助党委之力优先贯彻业务工作时,则会引发任务压力竞赛①。由此,导致的地方多任务环境,势必使各项"中心工作"在资源的约束下重新回落到按部就班的常规运作中。

> "现在每个部门都争先恐后地作为牵头部门成立领导小组,所以全区领导小组越来越多,专项工作也越来越多。但下面资源就这么多,每项工作都是中心工作时,就每项工作都不是中心工作了。"(访谈材料,2013 年 12 月 28 日)

可见,各业务部门间缺乏协调以及由此导致的任务压力林立,最终削弱了专项整治的动员能力。

第二,打破常规、集中各方资源和注意力的任务完成方式,注定专项整治难以永续发展。专项整治本是针对特定任务目标而启动的,因此其运作是暂时性和策略性的。特别是在各项动员措施缺乏相关法律依据的情况下,其运作终难整合进稳定重复的程序之中。

> "每个部门,从狭隘方面讲都有部门利益;从另外的角度来说,确实需要找存在的理由,整天配合别人做事,那请你来干什么呢?还不如精简机构做大部制呢。更何况土地执

---

① 练宏:《注意力竞争:一个政府行为的结构解释》(未刊稿)。

法共同责任制所规定的问责条件没有相应的法律依据,所以对一些负有责任的部门难以启动问责机制。"(访谈材料,2012年12月25日)

在这个意义上,部门间高度关联、紧密配合的状态只能是间歇性的,长期看来难以持续。

综上所述,针对国家动员模式而启动的"专项整治"组织策略,在打破行政边界、代以自上而下政治动员方式调动各方资源完成某一特定任务的同时,也限定了自身的运作限度。长远来看,其殊难脱离常规轨道而变奏运转。因此,对依靠这一组织策略而实现的上下沟通和权力支配效力,需要有清晰的认识。

## 第三节 政社关系的调节失灵

在政府社会关系的调节过程中,我们看到中间组织与地方借助"共谋""软硬兼施"等非正式组织策略对转型时期社会冲突的化解功能。但当与地方的互惠合作无法维持以及"软"与"硬"两套权力技术皆难生效时,即是中间组织调节失灵之时。以下将结合HL变电站建设所涉及拆迁厂房安置用地问题以及B镇村民要求停止股份社地块转让闹访事件,予以详细阐述。

### 一、HL变电站拆迁安置与B镇村民闹访纠纷

为配合广东电网公司加快推进HL500千伏变电站的建设工作,国土部门与HL村股份社就有关征地拆迁问题达成如下协

议：由于高压线路经过 HL 工业区,导致工业区 15 家企业需要拆迁,因此,国土部门同意规划选址建设与所拆迁企业相同面积的新工业区,用于原工业区受影响需拆迁企业的异地安置。另外,在 HL 村范围内规划 150 亩工业用地作发展留用地[①]。但由于不符合所在镇土地利用总体规划,加之建设用地指标短缺,因此原计划于 2007 年年初进行的拆迁企业异地安置区工程建设一直未能如期进行,拆迁企业多次反映无果。但与此同时,HL 村股份社与镇政府以合作开发的形式共同向国土部门申请了留用地公开交易转让办理。于是,一方面是现实条件限制下的承诺难以兑现;另一方面却是村集体和镇政府发展用地手续的优先落实。更重要的是,镇政府网站公告的《拟出让 HL 流转工业地块信息公告》日期先于股东代表大会表决生效日期。法与理的缺失,使国土部门难启动法律机制进行暴力威慑,又难诉诸人情面子机制予以道德化论证。相反,拆迁企业因配合国家电网建设而招致的"企业现在生死未卜面临破产,上千员工合同不能执行,工资不能发放"[②]境况,着实扭转了话语主动权。在接下来的抗争行动中,企业采取了"弱者的武器":

"他们(拆迁企业)把那些年纪大的推到前面去,在拟公开交易的地块上面搭个棚,每天坐在地块上面不走,跟你耗着。其实背后有企业老板支付他们费用,一人一天 30 元包一个饭盒。那些老的、没事的就过去那里坐了,就算公安、警察过去也不能对他们怎么样。"(访谈材料,2014 年 1 月 16 日)

---

① 参见《关于 HL500 千伏变电站征地的补充协议书》。
② 参见《HL 企业拆迁后用地安置及拆迁补偿诉求》。

以上社会冲突反映了中间组织对政府社会关系的调节失灵。仔细辨析,可以发现:

第一,地方政府及其控制的基层组织网络作用缺失。与作为信息交换节点、连接中间组织与基层社会沟通妥协的预期功能相反,在这一案件中,镇政府和股份社因利益之争而与十五家拆迁企业处于对立的两方——在现实条件约束下,对一方用地手续的优先落实势必导致对另一方承诺的无法兑现,因此其难以帮助国土部门将意图传达给企业,同时也难以主持公道将企业的境况反映给国土部门。相反,为尽快启动公开交易流程,其不惜先于集体表决日期发布地块交易信息公告,从而置国土部门于法规运作程序失当的不利位置。

第二,人情面子机制失效。这是地方基层组织网络作用缺失的必然结果。如前所述,人情面子机制是依托股份社社长在村民中积累起来的道德合理性而发挥作用的。但当利益分歧使双方难以维持在一个共同认可的基础之上时,这种相互期待自然无从实现。

第三,法律机制难以实施。法律作为国家垄断的暴力象征,其运作有一套组织化的、有机配合的机制。在这一过程中,公安、警察等职业机构使法律知识与惩罚实践结合起来,进而使知识转化为一种权力技术[①]。尽管如此,这一权力技术却难以在弱者之中展开、彰显权力效果。这即是"弱者的武器"之对抗功效。

针对企业的连续上访,国土部门先以"镇政府网站发布的公告仅为地块招商引资条件信息,不涉及土地交易问题"为由进行搪塞;后又以"三级信访终结,不再受理"为由进行屏蔽。最

---

[①] 强世功:《法制的观念与国家治理的转型——中国的刑事实践(1976—1982年)》,载《战略与管理》2000年第4期,第56—62页。

终,"拖延"成为唯一可以诉诸的策略。

类似的调节失灵现象同样体现在 B 镇村民要求停止股份社地块转让的闹访事件中。B 镇国土所在 2001—2003 年征用当地股份社集体土地时,为股份社提留发展用地 290.82 亩。但受制于当时农村集体土地政策有关规定:"股份社不能自行开发土地,如要开发使用的,只能通过村(居)委会征用后开发使用,土地产权登记属村(居)委会"。因此,2003 年 5 月居委会向股份社支付补偿款后,取得 290.82 亩留用地的全部处置权和收益权,时任股份社理事长的 F 和理事 L 等人在会议纪要上签名确认。但在 2011 年 11 月,F 与 L 等人卸任股份社职务后,却主动向广东省人民政府提出行政复议,要求撤销该地块的《国有土地使用证明》,理由是按照现行政策规定,提留给农村集体的留用地,其权属人登记只能是股份社①。在随后的地块公开交易转让过程中,前任股份社理事长等人更收集 2 380 人的集体签名要求区国土部门停止拍卖申请和审批手续,并于地块公开交易当天,强行冲入区土地房产交易中心土地市场部,拦截围堵、甚至恶言辱骂相关工作人员。访谈中,区国土部门负责人透露:

> "现在区村居换届选举工作正全面展开,所以往往是闹访高发期。以前在位的时候(指 F、L 等前任股份社理事)得了好处,不吭声。现在下台后,就马上做了反动派,煽动村民说有多少钱分,说白了还不是为了自己的利益?那 2 380 人的联名,大部分笔迹相同,根本不能信。"(访谈材料,2013 年 12 月 16 日)

交易现场的劝阻、教育无效后,公安机关对 F 和 L 实施了行

---

① 参见《顺德区规范集体留用地管理暂行办法》,顺府办发〔2011〕25 号。

政拘留,并通过建立风险预警制度,对重点挑头人、组织者和幕后策划者进行专人跟踪监控,以防止事态的扩大化。

## 二、"非正式运作"策略的反思

在中间组织对政府社会关系的调节过程中,"共谋""软硬兼施"等非正式运作策略发挥着重要的作用。这种将权力关系与人际关系融为一体,以模糊权力体系内部以及权力与社会边界的组织策略,作为转型时期专制权力衰变背景下,科层组织贯彻执行国家意志的必然产物[1],某种程度上已成为制度化的非正式行为[2],因此需对其作用及后果予以应有的反思。本书认为,中间组织在社会冲突化解中所使用的非正式策略并非可有可无,不得已而为之,而是有着重要的实践意义。

第一,中间组织借助互惠和合作机制与地方基层组织网络共同展开的矛盾冲突化解,维持了国家大规模转型中的社会秩序。在国家目标意图的落实过程中,无论是地方还是中间组织,都直接面对大量的具体纠纷。这些问题在整个国家现代化治理实践中或许只是微不足道的特殊个案,但对于当事人来说却可能意义重大——不仅涉及直接物质利益,而且关乎长远生计。这些矛盾冲突大多发生于农村熟人社会,没有现代法律所要求的格式化材料,也缺乏恪守法律行事逻辑的社会前提条件。在这种环境中,迅速有效化解矛盾冲突自然成为首要关注。尽管中间组织会受到

---

[1] 孙立平、郭于华:《"软硬兼施":正式权力非正式运作的过程分析——华北B镇收粮的个案研究》,参见清华大学社会学系《清华社会学评论·特辑》,鹭江出版社2000年版。

[2] 周雪光:《基层政府间的"共谋现象"——一个政府行为的制度逻辑》,载《开放时代》2009年第12期,第40—55页。

各种实质性和程序性规则的困扰制约，并时常处于法律"逻辑效果"和"社会效果"的张力之中①，但无论如何，矛盾冲突的化解都是第一位的，"行也得行，不行也得行"，而这恰是中国在经历大规模转型过程中，社会秩序仍能在总体上保持稳定的关键所在。

第二，中间组织在社会冲突化解中所采取的种种权力技术同样有其合理的一面，或曰不可避免。比如，借法律暴力形象所进行的威慑，尽管以其构建的"逼迫"情境而令人心生厌恶，但如果考虑到中间组织所处的制度环境及其所能调动的资源，或许对这套技术的必要性会予以更多的理解。虽然法律机制是利用普通民众对制定法的具体规定不了解或了解不多而收到的一种心理强制效果，但更重要的是，这为最后看似宽大的处理结果留下了回旋的余地，使矛盾冲突的解决显得更通情达理，并由此实现机构及成员的自我保护②。试想在一个无法从制度上给予相应保护的环境中，又有什么理由以不切实际的道德标准来要求权力行使者的行为呢？再比如诉诸人情面子机制所求得的问题解决，似乎也与技术化治理所要求的理性化、标准化相悖。但是，至少在目前看来，这一现象没有办法彻底避免。进一步的追问是：如果可以彻底避免，我们是否真的能够忍受法律规则所施加的"铁的牢笼"？

以上对中间组织在政府社会关系调节中所运用的权力技术的理解，并不代表对这一组织策略的倡导。事实上，只有在逐步地理解中，才能真正洞悉其中所隐含的重大问题。

第一，借助地方基层组织网络所进行的任务落实，使中间组

---

① 强世功：《法律是如何实践的——一起乡村民事调解案的分析》，参见王斯福、王铭铭《乡土社会的秩序、公正与权威》，中国政法大学出版社2001年版。
② 苏力：《送法下乡——中国基层司法制度研究》，北京大学出版社2011年版。

织逐步演变为地方政府下属的业务部门。这不仅为地方干预开通了渠道,而且导致中间组织从依据法规化解社会冲突的机构蜕变为纯粹的社会冲突化解机构,从而离法治化、专业化治理要求愈来愈远。

第二,依靠组织化调控所实现的社会冲突化解固然重要,但也必然导致法规不统一问题。排除"息事宁人"之举,即使从局部看来使得处理较为妥当的权力技术也终将无法替代规则化和可预期的法律制度。因此,基于组织化调控的权力技术应受到适度限制。

综上所述,中间组织在社会冲突化解中所采用的非正式组织策略,是国家治理转型中其他机构所不能提供的,因此才需要以此为基础逐步发展相配套的制度设计,这是使制度基础不流于理念甚或道德化说教的关键。

# 本章小结

本章结合具体案例对中间组织对条块关系、条条关系以及政府与社会关系的调节失灵现象进行了分析,并对其所采用的"工作小组""专项整治""非正式运作"策略进行了反思。研究认为:中间组织政治和社会冲突化解功能的发挥有着特定的条件,并非总能奏效。相应地,在调节过程中所使用的种种组织策略也与具体实践密不可分,某种程度上是机构有效运转的生存技术。

作为改变国家现代化进程中的治乱循环并重建转型时期公共合法性基础的产物,中间组织联结着中央—地方以及更广范围的政府—社会互动关系。特殊的任务使命和结构特征使其在运转中演化出一套渗透专业知识和权力实践的复杂技术,这是调节功效得以发挥的关键所在。但"循规—变通""政治—行政""软—硬"不同技术在增加国家任务目标贯彻执行灵活性的同时,也使机构自身处于持久张力之中,因而划定了调节的限度和适用范围。特别是当国家不同治理模式的启动并非实现所期望目标之需,相反仅为应对社会压力暂时之举时,则置中间组织于困境中。此时,调动法院力量进行矛盾消弭、基于利益情势判断为不当行政行为开脱、以三级信访终结为由不再受理,以及行政拘留,成为最后的解决出路。在这一过程中,法律沦为一种省力有效、迂回隐蔽的技术工具,参与到对社会的总体治理实践中,成为"社会治安综合治理"的一部分[1]。

---

[1] 强世功:《"法律不入之地"的民事调解——一起"依法收贷"案的再分析》,载《比较法研究》1998年第3期,第47—59页。
应星:《大河移民上访的故事》,生活·读书·新知三联书店2001年版。

# 第七章 结论与讨论

　　本章借鉴组织经济学的理论成果，构建了"任务环境—权威结构—政府行为"的分析框架。研究认为：权威体制治理转型过程中，经济发展和行政科层化的多任务环境造就了可在中央、地方间灵活进行权力分配并有效实现国家自上而下激励控制的中间组织。具体而言：当经济发展成为首要任务时，其可通过法规的"变通"运作赋予地方权力经营灵活性，并从技术理性的意义上掩盖其后的权力关系；而当地方经营逻辑发展至极、对经济的平稳较快发展构成不利影响时，其则通过法规的"循规"运作致力于行政科层化目标的实现，并借助专业自主性对地方政治压力进行抵制。与此同时，作为一种激励控制系统，中间组织通过激励强度、责任连带与自我强化机制的协同耦合确保着权威体制下国家的支配地位。在这一过程中，法规运作的"循规—变通"代替传统的"集权—放权"，与自上而下的运动式治理整顿一起构成国家治理转型中新的循环往复。政治、行政在新权威结构内部的混同运作，在增加不同目标逻辑转换灵活性的同时，也造成国家长期治理路径优化的困难。以下将围绕这一结论，对相关内容予以逐一讨论。

## 第一节　国家治理中的循环往复

循环往复是当代中国政治历程中的一个典型特征，也是国家治理的一种主要方式。即一些重大现象稳定存在并重复发生，每个阶段都代表了此前阶段某些条件的再现。如中央—地方在集权与放权中的轮番交替、自上而下的运动式治理整顿的去而复返，以及政策执行过程中循规与变通的来回摆动①。这些变化尽管在时间、范围以及强烈程度上存在广泛差异，但最终都以循环的方式加以呈现。

本章认为，这种循环往复源于国家的权威结构，而造就这种权威结构的环境因素则是治理转型背景下经济发展和行政科层化的多任务目标。具体而言，赶超型现代化进程中对经济发展的要求依赖权力的下放，以增加实施过程中的灵活性；而权力的下放以及由此导致的地方行政经营、软预算约束、公权私用又容易引发宏观层面的偏离失控，并由此导致国家对行政科层化的强调。在此情况下，为在动态中寻求平衡，权威结构集成了权力分配和激励控制两种功能，即在中央、地方间灵活划分垂直管理边界的同时，保留了国家自上而下的支配地位。因此与传统单一任务环境下，针对地方各行其是国家启动动员模式进行纠偏所呈现的"放权—集权"循环不同，治理转型背景下，经济发展与行政科层化的多任务环境使国家将权力分配和激励控制两种功能集中于中间组织这一新的权力配置，即借助中间组织对法规剩余控制权

---

① 周雪光：《权威体制与有效治理：当代中国国家治理的制度逻辑》，载《开放时代》2011年第10期，第67—85页。

的相机分配和所建立的纵向支配关系，减缓循环往复的冲击效应。在此，法规运作的"循规—变通"代替了传统的"集权—分权"。显而易见，如果说传统的循环往复是以 ABAB 的形式在两个极端间激烈震荡，并使国家承担了治乱循环的全部责任；那么转型时期的循环往复则是以 ABCDABCD 的形式在延缓冲击的同时，稳步推进国家不同治理目标的实现。此外，更为重要的是，行政科层化目标的增加以及以双重领导为特征的中间组织的组建使国家得以置身于冲突之外，围绕抽象的统计数字进行迂回隐蔽的管控，进而使中间组织和地方承担了组织实施的全部责任。但尽管如此，仍有必要对这一新循环往复的实践影响予以考察。

## 一、政府机构的理性化

与通过制度设计对中央、地方间的权力关系加以明确不同，转型时期国家是借由中间组织对法规剩余控制权的相机分配实现内部垂直管理边界的划分。相应地，"循规"与"变通"间的循环成为机构运作的典型特征。

法律经济学家认为法规是改变决策成本收益、调整行为预期，进而将外部性内化的制度安排。因此，这一视角下的法规运作被视为理性选择的产物，遵循最优化逻辑。显然，其忽视了中间组织的调节作用，无法解释同一法规在不同时期执行程度的巨大差异。比如，接近年关时的严格管制，重大事件曝光后的全国性普查，以及执法方式上的齐抓共管。因为短时期内法规运作的成本收益并无大的变化，更不会周期性强化。根据本章的研究，这更可能是由中间组织依情势变化调节的产物。法规运作的政治化，在增加灵活性的同时，也对政府机构的理性化造成严重影响。

首先，不利于理性化科层政府的发展。充分发展的理性化科层政府以照章办事为特征，规章制度成为组织功能结构的一部分[1]。如此，机构不仅否认了国家任意干涉的权威，而且约束了地方的执行行为。但在中间组织的运作过程中，法规剩余控制权在中央、地方间的相机分配，突破机构按部就班运作理性的同时，形成一种把行政问题转化为政治问题的趋向。在这一过程中，机构自身的正式制度被不断打断、弱化。

其次，不利于专业化运作过程的形成。在国家治理中，专业化过程被视为培育专业精神、塑造共享信念的重要渊源。因此，成为抵制不当干预、进行自我保护的重要机制[2]。但在中间组织的运作过程中，法律事件的政治化，以及由此形成的"循规—变通"循环，显然难以与专业化过程所要求的独立性相兼容，进而造成专业价值的虚化。

最后，不利于法治化治理体系的建立。法治化治理体系通过明确的制度设计对中央、地方间的权力关系予以界定，并辅以稳定、刚性的实施机制。在这一格局中，国家具有高的"可信性承诺"（Credible Commitment），央地间的权力划分较为明朗、持续。但以双重领导为特征的中间组织的组建却使权力分配在体制框架内的动态调整成为可能，从而极大地压缩了国家的有效性事前承诺空间。在这个意义上，自我否定的法规即使再多，也无助于法治化治理进程的推进。

可见，通过中间组织调节实施的权宜之策直接效果是可见

---

[1] 周雪光：《组织规章制度与组织决策》，载《北京大学教育评论》2010年第3期，第2—23页。

[2] Perrow, C. Complex Organizations (3rd ed.). New York: Random House, 1986. Crozier, Michel. The Bureaucratic Phenomenon. Chicago: University of Chicago Press, 1964.

的，但深远影响却是未知的。为实现灵活性和承诺的结合，近年来组织经济学提出系列可供借鉴的制度设计，如通过把权力暂时转移给下级所形成的"转移控制"(Transferable Control)[1]，以及保证必要时收回的"非正式授权"[2]。研究表明，明确规定需要灵活处理的条件并严格限制，是比法规剩余控制权相机分配更好的选择。如豪布里希和瑞特对汇率制度的考察发现，稳定的名义汇率政策有利于国际贸易和投资的扩大；相反，以国内通货膨胀取代本币贬值时的名义汇率则带来失业和产出的重大损失[3]。就此而言，制度化的功效不可替代。

## 二、社会权益保障

转型时期，社会权益的保障深受国家治理模式的影响，而不同治理模式的转换则是国家支配地位及其与中间组织、地方关联状态的反映。在紧密关联的动员模式中，打破常规、急速运转的任务完成方式使社会诉求受到更多重视；相反，在松散关联的常规模式中，各就其位、按部就班的任务完成方式则注定一些社会诉求永远无法实现。这就使得社会权益的保障呈现周期性循环的特征。

不过需要说明的是，实践中二者的关系往往如此复杂，以致难以用简单的线性相关予以概括。但这并不妨碍循环特征的呈

---

[1] Aghion, Philippe, Patrick Rey, et al. Transferable Control. Journal of the European Economic Association, 2004 (2): pp. 115—138.

[2] Baker, George, Robert Gibbons, Kevin J. Murphy. Informal Authority in Organizations. Journal of Law, Economics and Organization, 1999 (15): pp. 56—73.

[3] Haubrich, Joseph G, Joseph A. Ritter. Commitment As Irreversible Investment. Federal Reserve Bank of St. Louis, 1995.

现。重要的是,现实中社会权益保障反复超出制度规定的边界,这就足以说明诸如此类的摇摆并非只是一种反常,相反是中间组织运作过程中的常态。具体来说,这种与国家治理模式相关联的权益保障存在以下问题。

首先,扰乱了社会预期。制度化的权益保障,因以一致的标准对情形加以界定而表现出稳定可测的特征。但与国家治理模式相关联的权益保障,却由于环境的频繁变动而难以预期。这不仅给社会带来额外风险,而且降低了事前的投资激励。如科尔奈观察到匈牙利的工匠和小店主由于担心财产被政府征收而没有兴趣建立持久的善意或从事长期固定资产投资,他们中的很多人是利润最大化的目光短浅者[1]。

其次,不利于权益的公平保障。制度化的权益保障,因程序正义而有着良好的公信力。但与国家治理模式相关联的权益保障,却往往难以保证公平。有时,这种差异甚至成为中间组织可供利用的手段。正如"老人老办法,新人新办法"的双轨运作所显示的,在现实条件的约束下,真正受罚的更可能是那些容易暴露、执法成本低的个体。此外,考虑到中间组织实践中对人情面子机制的借助,可以推测那些没能与权力机构建立长期互惠关系的主体,更可能沦为"替罪羊"。

最后,为私利的追逐提供了契机。国家动员模式的启动,以及自上而下持续的注意力关注,极易诱发中间组织的过度反应,这就为私利的追逐提供了时机和借口。这突出体现在本书国家重点项目推进过程中,土地合同未到期者借此要求国土部门帮助解决子女就业问题的案例中。上面急催厉责、下面趋步紧跟,最终使不可能之事变为可能。

---

[1] Kornai, Janos. The Hungarian Reform Process. Journal of Economic. Journal of Economic Literature, 1986 (24): pp. 1687—1737.

可见，国家治理转型中对社会权益的保障本意欲通过自下而上的有效监督而使政治体系的运作常态化，但这一目标本身却又是以动员的方式加以实现的。尽管由于现实中社会权益保障与国家治理模式并非严格的对应关系而使得此处的分析有所局限，但重要的是，它提醒我们目前在中国的权威结构内部，并不存在常态化的治理机制。

综上所述，循环往复的变化构成中国国家治理的重要特征。虽然这种周期并非总是可以清晰描述，其中的内容和结果也并非完全相同，但大致而言，每一时期都代表了此前某些条件的再现。这就将我们的注意力引致每一时期的反冲力分析。在传统"集权—放权"的循环中，经济发展的单一目标造就"一放就活、一活就乱、一乱就收、一收就死"的治乱格局；而在现代国家治理转型中，尽管经济发展目标之外增加了行政科层化目标，但如上所述，这一目标下的政府机构理性化和社会权益保障同样呈现出循环的特征。究其根本，是由于经济发展始终处于优先地位，因此能够不时打破制度和专业分际①。换言之，政府机构理性化和社会权益保障只有在实现经济发展的首要目标中找到恰当位置，才能有效发挥自身功能。在这个意义上，如果不能摆脱赶超型现代化中国家对经济发展的强烈历史使命感，期冀通过行政科层建设打破循环往复，效果终究是有限的。

---

① 冯仕政：《中国国家运动的形成与变异：基于政体的整体性解释》，载《开放时代》2011年第1期，第73—97页。

## 第二节　政府运作中的政治因素

与西方权力分立体制下的政治—行政二分不同,在中国政府运作中,"政治与行政服务的混合贯穿于自上而下的所有科层等级"①。相应地,权威决定与政策实施呈现交织的状态。这一实践方式可追溯至中国革命战争时期"由点到面"的调控式政策试验。土地改革期间,由于领导层难以对农村革命开展取得一致意见,加之各根据地自然条件差异极大,因此只能接受地方政策实施的多样性,同时鼓励各级党组织尝试超常规做法,以为最终的政策确立提供经验。之后,这种以试验为基础的政策制定被提升为统一的工作方法。作为一种独特的央地互动,"分级制政策试验"(Experimentation under Hierarchy)由于将地方分散试验和国家集中控制有机结合起来,因此极大地提高了政府整体的创新能力和适应能力②。转型时期,中间组织的运作显然承继了这一传统思路。其通过对法规原则的某些背离赋予地方权力经营灵活性,以更好地实现国家确立的任务目标。但确认、修正、终止地方实践的最终控制权始终归属上级政策制定者,突出表现是国家不同治理模式的转换以及借由中间组织实施的激励控制。但其间存在的问题是:既然运作思路相同,为何转型时期国家不遵循传统做法直接强化与地方的互动,而转由中间组织的双重领导间接

---

① Vogel, Ezra F. Political Bureaucracy: Communist China. In L J Cohen, J P Shpiro. Communist Systems in Comparative Perspective. New York: Anchor Press, 1974.
② 韩博天:《通过试验制定政策:中国独具特色的经验》,载《当代中国史研究》2010年第3期,第103—112页。

进行沟通？进而言之，中间组织何以能有效运作，其有哪些独特的结构特征？这一机构的未来走向如何？

## 一、为什么是中间组织

本章认为，相对于传统"分级制政策试验"的行政方法，转型时期国家强调中间组织的沟通转化功能，原因可归结为以下几点。

首先，现代治理的复杂性远非传统行政方法可以应对。"分级制政策试验"是中共在革命战争时期的特殊历史条件下形成和发展起来的，主要适用于根据地简单的实践关系。当今，随着国家统辖范围的扩大、治理层次的深入，严密有序的科层组织往往运转困难，地方的各行其是、偏离失控是集中表现[①]。此外，信息不对称、激励设置、表现测评、监管成本等组织设计问题，更导致直接的央地互动失败。这就需要借助中间组织上传下达的居间作用，维系中央、地方间的有效沟通。

其次，转型时期公共合法性基础的重建抵制国家的直接干预。"分级制政策试验"是在上级政策制定者正式或非正式支持下开展实施的，国家可随时打断、叫停试验内容[②]。但转型时期对法治化、规范化、技术化和标准化的强调则极大地限制了国家政治权力的专断性。这就需要借助中间组织这一新的政策工具，协助国家以隐而不显的方式克服行动困境。在这一过程中，激励

---

[①] 周雪光：《权威体制与有效治理：当代中国国家治理的制度逻辑》，载《开放时代》2011年第10期，第67—85页。

[②] 韩博天：《通过试验制定政策：中国独具特色的经验》，载《当代中国史研究》2010年第3期，第103—112页。

强度、责任连带以及自我强化机制的相互支持，使得"条"的行政任务有效转化为"块"的中心工作，进而确保了国家意志的达成。

最后，现代社会权益保障要求对民众诉求予以妥善回应。"分级制政策试验"主要由地方主导，其为民众提供的影响政治决策的机会有限。但转型时期社会权利的广泛宣传以及法律制度在形式上所赋予的保障程序使政治运作承受极大的社会压力。而借由中间组织所实施的政治过程不仅从技术理性的意义上掩盖了地方的权力经营实质，而且以其特有的程式化策略实现了对社会的权力支配。在这一过程中，无论是依法律规则就事实和问题展开的有序论证，还是以信访和行政复议对可能的错误所进行的及时补救，都使专业知识本身成为一种迂回的权力支配方式。

通过以上对比可见，相同的运作逻辑在不同的治理背景下往往有着不同的实践方式。而中间组织重要性的凸显，则使得国家在推进其管理体制改革的同时，进一步强化了领导干部的任命，以保证实践过程符合国家要求。

## 二、中间组织何以有效

中间组织作为转型时期连接中央—地方的权力枢纽，某种程度上主导了决策及实施的政府运作过程。作为一种独特的制度构造，其有着不同于垂直或属地管理的结构特征。以下将通过与 M 型和 U 型组织结构的对比，予以详细说明。

长期以来，学者认为中国是一个行政事务按"属地管理"原则划分的 M 型结构，各省区在经济上相对独立，其通过把功能互补的部门、机构组合在一起而有着良好的协调关系①。在这种结构下，财政分权和地区竞争的引入，极大地推动了市场化改革和国民经济的增长②。

但功能的整合兼容在提高解决实际问题和应对危机能力的同时，也使得地方逐渐演化为一个内聚紧密的垄断集团③。行政性投资扩张、税收转移截留、市场封锁、重复建设等现象层出不穷，不仅扰乱了经济秩序，而且严重降低了国家的宏观调控能力④。特别是近年来，伴随经济发展所出现的群体分化现象日益凸显，社会矛盾接连不断，"维稳"也因此成为权威结构最大的政治。

在此背景下，国家试图通过结构重塑，调整央地关系，这即是20世纪90年代中期以来大规模"再中央集权化"浪潮的缘由。显而易见，根据专业分工原则把可替代或相似部门、机构组合在一起的U型结构，使中央、地方关系更体现为一种垂直、纵

---

① Qian, Yingyi, Gerard Roland, Chenggang Xu. Why Is China Different from Eastern Europe? Perspectives from Organization Theory. European Economic Review, 1999 (43): pp. 1085—1094.

② Montinola, G, Yingyi Qian, Berry Weingast. Federalism, Chinese Style: the Political Basis for Economic Success in China. World Politics, 1995 (48): pp. 50—81.
Qian, Yingyi, Berry Weingast. Federalism as a Commitment to Preserving Market Incentives. The Journal of Economic Perspectives, 1997 (10): p. 4.

③ 张静：《基层政权——乡村制度诸问题（增订本）》，上海人民出版社2007年版。
杨善华、苏红：《从"代理型政权经营者"到"谋利型政权经营者"——向市场经济转型背景下的乡镇政权》，载《社会学研究》2002年第1期，第17—24页。

④ 崔志梅：《行政改革的制度环境及其限制条件》，载《改革》2014年第6期，第148—157页。

向的计划管理①。这虽然在利用规模经济、实现专业化方面有着优势，但也与"地方政府负总责"的要求不相适应。

若通过以上对比来反观以"双重领导"体制为特征的中间组织的组建，则可洞悉转型时期国家机器中这一新的权力配置的奥秘所在。

首先，财政预算、机构编制以及领导班子以下人员晋升流动的属地管理，使中间组织有着 M 型结构的良好协调关系。作为同级人民政府的工作部门，中间组织依旧嵌生于地方权力关系的网络中，因此在互动中彼此支持共同克服发展约束成为一种运作期待。这一方面体现为中间组织借法规的"变通"运作服务于地方的权力经营，并从技术理性的意义上掩盖其后的权力关系；另一方面则体现为地方调动基层组织网络，协助中间组织共同完成自上而下的任务部署。这就有效保留了 M 型结构在应对不确定条件和解决问题方面的灵活性。

其次，领导班子人事任免权的垂直管理，使中间组织有着 U 型结构的专业化优势。领导干部以上一级部门党组（党委）管理为主的体制规定，有力强化了国家自上而下的控制能力，从而为不同目标逻辑的转化提供了基础。这即是国家治理模式由"常规"向"动员"发生变动时，中间组织能在维护自身自主性的过程中抵制地方政治权力压力，进而以法规的"循规"运作将权力经营抑制在一定范围的关键。可见，在这一过程中 U 型结构的专业化优势得以保留。

最后，"双重领导"的制度构造，使中间组织有着化解社会冲突的独特功能。属地管理的 M 型结构虽然极大地推动了经济

---

① Qian, Yingyi, Gerard Roland, Chenggang Xu. Why Is China Different from Eastern Europe? Perspectives from Organization Theory. European Economic Review, 1999 (43): pp. 1085—1094.

增长，但也引发严重的社会问题，这即是"经济奇迹"和"社会危机"的同一结构根源①。垂直管理的 U 型结构尽管有助于规范行政行为，但却由于诉求信息和行政网络的匮乏而在根本上降低了解决问题的行动能力。相反，中间组织结合"条""块"优势的"双重领导"制度构造则使其以专业判断谨慎掌握法规"循规"与"变通"边界、将地方权力经营维持在合理范围的同时，以其特有的标准化程序和程式化策略有效实现着对社会的权力支配。即使面对大规模的社会冲突，其仍能借助地方组织网络的支持，对矛盾予以迅速消弭。这是单纯的 M 型或 U 型结构所不具备的。

可见，转型时期借由中间组织的"双重领导"所进行的央地互动，既赋予了地方经济发展的灵活性，又保证了国家自上而下政治控制的有效性，并使各种社会冲突得以及时化解。只是政府运作中政治与行政的混同，也造成工作的复杂性与结果的不确定性。

## 三、中间组织的未来走向

经济发展与行政科层化，经营与治理，以及国家治理转型中不同目标逻辑在中间组织内部的集中，使这一新的权力配置必须按照政治—行政协调支持的原理稳定运转。虽然不同目标逻辑并不必然相互冲突，但实践中往往存在矛盾之处，并使政府过程呈现复杂性和不稳定性。显然，这是与法治化、规范化治理要求不相适应的。那么，紧接的问题是：这一机构的未来走向如何呢？

---

① 黄宗智：《改革中的国家体制：经济奇迹和社会危机的同一根源》，载《开放时代》2009 年第 4 期，第 75—82 页。

笔者认为，短时期内其并无根本的解决出路，理由如下。

第一，经济发展目标实施的优先性在现阶段并不会发生根本改变。在推进赶超型现代化进程中，经济发展始终是国家的首要目标。从传统计划体制下集中资源推动重工业优先发展到社会主义市场体制下依靠"放权让利"进行经济建设，这一目标是一以贯之的。虽然21世纪以来，伴随"科学发展观"为核心的治国理念的形成，行政科层化目标被不断强调，但实践中这一以治理为目的的行政改革由于依旧嵌生于以发展为目的的现代化进程中，因此国家能够不时打破制度和专业分际，将政治凌驾于专业之上①。可见，国家转型中的治理并未完全脱离经营的实质逻辑。相反，却由于权力的上收以及考核的过程化与多重化使政府的经营性运作向多个维度展开②。在此任务环境下，中间组织始终难以摆脱行政经营的要求。

第二，权威结构的自我优化在短时期内难以有效展开。如前所述，无论是属地管理的M型结构，还是垂直管理的U型结构，都存在不可克服的内在困境。相反，中间组织"双重领导"的结构特征却赋予其"属性互补"和"属性兼容"的综合优势，因此成为现阶段解决问题、化解危机的有效政策工具。虽然实践中，政治、行政的混同运作常会导致调节失灵，但短期之内，其无疑是"两害相权取其轻"的最佳权宜之策。

可见，若基本治理逻辑不变、替代机制缺失，则终究无法阻断历史的惯性，亦无法摆脱现实的选择。这或许是对这一机构未来走向的最佳预言。

---

① 冯仕政：《中国国家运动的形成与变异：基于政体的整体性解释》，载《开放时代》2011年第1期，第73—97页。
② 渠敬东、周飞舟、应星：《从总体支配到技术治理——基于中国30年改革经验的社会学分析》，载《中国社会科学》2009年第6期，第104—127页。

综上所述，政治与行政的混同贯穿于中国政府运作过程，这在中间组织这一新的权力配置中得到集中体现。虽然"政治"与"行政"在西方政治中也并非完全分离——如官僚机构经常提出政策，立法者也涉足行政过程，但是这种分析性的区别确实可对应于西方政体中立法与行政机构、政策制定与政策执行之间的划分。这种区分起源于中世纪，法国大革命之后在西方已普遍实行①。而在中国，由于系列的原因，这样的区分并不存在。从比较制度的角度来看，一个有趣的问题是：中国现行改革的正统性？有人认为中国正在放弃共产主义而转向资本主义。对这一看法，笔者认为可从下列事实予以澄清：在某些方面，中国只是在追随20世纪60年代东欧共产主义的改革；而在其他方面，中国已在共产主义政治经济制度的改革中跃居领先地位，并对其他共产主义国家构成挑战。这种挑战不是放弃国家权力的专断性，而是在权威结构内部达致所需的灵活性。

## 第三节　权威结构中的权力分配与激励控制

哈耶克，作为早期强调知识及其分布对经济良好运作重要性的倡导者，认为一种制度的有效性，取决于其是否充分利用了已有的知识。"我们不能期望首先传递所有的知识给中央委员会，待后者整合后，发布命令。"② 对特定时空环境的快速适应，要

---

① 詹姆斯·R. 汤森、布兰特利·沃马克：《中国政治》，董方、顾速译，江苏人民出版社2010年版。

② Hayek, Friedrich. The Use of Knowledge in Society. American Economic Review, 1945 (35).

求决策必须留给那些熟悉环境、直接了解相关变化,并可立即运用资源采取行动的人。这一洞见隐含了组织分权的观点。

但与分权相伴的,是由代理人自利所引发的委托——代理问题。在市场中这一问题的解决是通过赋予个人转让权实现的——自愿交换使权力的交易以最大化个体知识和决策权匹配的方式进行;同时,由转让权市场价格所揭示的替代性使用价值则提供了绩效测量和奖惩的有效机制[1]。但在组织中,转让权的缺失需要相应的权力分配和激励控制系统加以替代。

科斯和威廉姆森从交易费用的角度对不完备契约下企业不同治理结构(Governance Structure),如现货交易、长期契约、企业联盟等的选择进行了研究[2]。其认为交易特性和治理结构之间存在严格的对应关系,组织设计就是将特征不同的交易与成本、能力不同的治理结构以交易费用最小化的方式进行"区别性组合"(Discriminating Alignment)[3]。在这个意义上,组织结构在本质上是使交易费用最小化的制度安排。那么,存在的问题是,应用于企业组织中的"区别性组合"是否同样可以应用于政府组织?特别是对于政府权威结构而言,其又有着哪些特殊的制度要求?进而言之,理想化的政府治理结构优化路径应该是怎样的?

---

[1] Jensen, Michael, William H. Meckling. Specific and General Knowledge, and Organizational Structure. In L. Werin, H. Wijkander. Contract Economics. Oxford, England: Blackwell, 1990.

[2] Coase, Ronald H. The Nature of the Firm. Readings in Price Theory, New Series V. Homewood, IL: Irwin, 1937.

Williamson, Oliver E. Markets and Hierarchies: Analysis and Antitrust Implications. New York: Free Press, 1975.

[3] Williamson, Oliver E. Public and Private Bureaucracies: A Transaction Cost Economics Perspective. Journal of Law, Economics, and Organization, 1999 (15): pp. 306—342.

## 一、政府权威结构的独特性

目前,尽管存在大量运用组织经济学分析政治制度及结构选择的实证研究①,但总体而言,将交易费用理论应用于公共部门并不是很成功,尤其是在内部组织的研究上更是如此②。这不仅是由于政府产出的复杂性和目标的多重性,而且更重要的是政治中妥协的需要使权宜比效率对结构的设计更重要③。为此,以下将沿着"结构选择的政治"这一线索着重对影响政府权威结构设计的权力分配与激励控制问题予以分析。

### 1. 政府权威结构的权力分配

在企业组织的结构选择中,隐含着这样的假设:所有者拥有

---

① Wilson, James Q. Bureaucracy: What Government Agencies Do and Why They Do It. New York: Basic Book, 1989.

Moe, Terry. The New Economics of Organization. American Journal of Political Science, 1984 (28): pp. 739—777.

Moe, Terry. The Politics of Bureaucratic Structure. In John E. Chubb, Paul E. Peterson. Can the Government Govern? Washington, D. C. : The Brookings Institution, 1989.

Moe, Terry. The Politics of Structural Choices: Toward a Theory of Public Bureaucracy. In Oliver E. Williamson. Organization Theory: From Chester Barnard to the Present and Beyond. New York: Oxford University Press, 1990.

Weingast, Barry R. The Political Institutions of Representative Government. The Hoover Institution, Stanford University, 1989.

Shepsle, Kenneth A. Discretion, Institutions, and the Problem of Government Commitment. Prepared for the Conference on Social Theory and Emerging Issues in a Changing Society, University of Chicago, 1989.

② Frant, Howard. High-Powered and Low-Powered Incentives in the Public Sector. Journal of Public Administration Research and Theory, 1996 (6): pp. 365—381.

③ Moe, Terry. Political Institutions: The Neglected Side of the Story. Journal of Law, Economics, and Organization, 1990 (6): pp. 213—253.

合法赋予的产权,他们自愿交易并由此形成不同的治理结构,法律则为各种交易提供保护。但本研究结果显示,在政府权威结构内部,并不存在确定的产权及保护机制,法律剩余控制权可在中央、地方间灵活分配,进而使政府内部垂直管理的边界不断调整。政治的不确定性使处于调节地位的机构设置必须能够对形势变化正确加以判断并迅速做出回应。其中,直接有效的方法是对法规的"循规"与"变通"运作。虽然长期来看,这一结构并不利于行政科层化目标的实现,但作为一种现实性选择,其无疑有助于在动态调整中维持中央—地方关系的暂时平衡。显然,这种权衡取舍的复杂性是企业组织所不面对的。在这个意义上,政府组织和企业组织可能遵从非常不同的建构方式。

此外,若从更深层次来看,中间组织事实上是使国家远离政治和社会冲突的结构设置。实践中,尽管这一机构有着相当程度的自主权,但终究要致力于国家不同任务目标的实现,即使这会使机构自身处于风险之中。换言之,相对于企业组织结构选择的自愿性,政府组织不能自由退出结构安排。国家权力的重大影响引导我们关注结构设置的第二个层面,即如何确保规模庞大的组织结构服务于国家目标?

### 2. 政府权威结构的激励控制

权威结构的核心是国家的一统而治,其借助严密有序的科层组织将自身意图传达到地方,覆盖辖区的不同部门,以确保对广大领土的统辖权[1]。但关注范围的差异以及组织设计困难又常导致科层组织运作失败。地方的各行其是、偏离失控是集中表现。特别是随着组织规模的扩大与结构的复杂化,这一问题进一步加剧放大。如何通过有效的激励控制机制使地方按国家利益行事,

---

[1] 周雪光:《权威体制与有效治理:当代中国国家治理的制度逻辑》,载《开放时代》2011年第10期,第67—85页。

就成为政府治理结构设计的关键。

在企业组织中，这一问题是通过赋予代理人分享剩余的权力，使其努力与团队结果直接相关而加以解决的①。但对于政府组织来说，并不存在一般意义上的剩余。典型的政府机构从上级那里获取预算并通过提供服务花掉预算，而接受服务的民众则不需为此付费。换言之，不管代理人表现如何，都不会产生由机构持有的经济剩余。因此，应用于企业组织的激励控制机制在政府组织中行不通。

周黎安曾提出中国转型治理中的"晋升锦标赛"模型，认为人事任免权的集中使国家得以发动晋升竞赛，从而将地方官员置于强激励之下②。这一结论在本研究中得到验证。在自上而下的任务部署中，通过加大激励强度使"条"的行政任务转化为"块"的中心工作，进而借助责任连带机制将压力向多个部门、层级传导，是保证落实的有效手段。而具体考核奖惩权的下移则进一步强化了"条"的组织地位和重要性，从而使中央、地方紧密联结在一起。在这一过程中，激励强度、责任连带与自我强化机制构成一个内在一致的系统，其彼此支持共同代表国家参与到对经济社会的总体治理中。

可见，政府组织的结构选择有着广泛的政治考量，这使其明显区别于企业组织。在此，权力分配与激励控制的特殊要求使结构不仅仅是使交易费用最小化的组织设计和制度安排，特别是对于政府权威结构而言更是如此。那么，进一步的问题是，制度背

---

① Alchian, Armen A, Harold Demsetz. Production, Information Costs, and Economic Organization. American Economic Review, 1972 (62): pp. 777—795.

Shavell, S. Risk Sharing and Incentives in the Principal and Agent Relationship. Bell Journal of Economics, 1979 (10): pp. 55—73.

② 周黎安：《中国地方官员的晋升锦标赛模式研究》，载《经济研究》2007年第7期，第36—50页。

景的差异，为"结构选择的政治"提供了哪些不同的基础？从规范的角度来看，这又对权威体制下的政府治理结构优化有着怎样的启示？

## 二、政府权威结构的优化路径

威尔逊在对公共官僚制的探讨中发现，相较于美国官僚制的高度受限和正式化，西方其他民主国家的官僚制则被授予更多的自由裁量权来追求合适的任务目标。不同体制的结构差异，也因此成为关注的焦点。

特里·莫认为，在美国权力分立的体制下，改变法律的困难使对机构行为详尽规定并载入法律是免受未来政治权力影响的有效策略。而总统和国会的彼此独立则进一步强化了正式化的压力。相反，在高度竞争化的议会体制下，由于任何赢得多数席位的政党都可以组建政府、通过其所偏好的方案，因此使正式结构难以成为保护策略。加之行政机关由立法机关产生，二者都受多数党控制，因此，并不会努力争取使自己免受对方政治影响的结构。这就使美国权力分立体制下的结构选择更多地依靠法律执行，而议会体制下的结构选择主要依赖参与者之间的自我执行。正因为如此，议会制表面看似一个"强"国家，却由于依赖非正式协调而呈现"弱"的特征；美国权力分立体制尽管因国家在内部划分开来而看似一个"弱"国家，但却由于有正式结构的保护而实则运行良好[1]。应该说，两种体制中结构选择的不同，以及由此导致的国家治理能力差异，为权威体制下政府治理

---

[1] Moe, Terry. Political Institutions: The Neglected Side of the Story. Journal of Law, Economics, and Organization, 1990 (6): pp. 213—253.

结构的优化提供了有意义的参考。

图 7-1 展示了"政府结构选择政治"中的两个维度：一是权力分配是偏于中央还是地方；二是激励控制是依赖自我执行还是法律执行。就中国政府权威结构的优化而言，走向依赖法律执行的地方分权结构有着不同的路径：B 表示整个权力分配格局可先偏向于地方以实现有效治理，对于偏离失控则借助中间组织实施中的自我执行进行激励控制（如基于地方有效信息的考核奖惩），然后逐步走向法律执行。C 表示整个权力分配格局可更先偏向于中央以保证体制稳定，但在激励控制上则由依赖中间组织实施中的自我执行直接走向法律执行以加快制度化进程，然后逐步向地方分权。A 表示的是渐进路径，一方面在权力分配上逐渐由中央走向地方，另一方面在激励控制上逐渐由依赖中间组织的

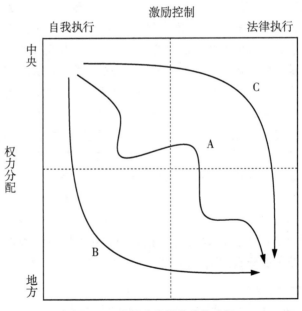

图 7-1　中国政府结构优化路径

自我执行转向法律执行。不同的优化路径，启示我们有多种走出当前由中间组织所实现的次优情境。

综上所述，"结构选择的政治"使政府组织不仅区别于市场，而且不同于企业组织。其中，中央、地方间的权力分配以及自上而下的激励控制构成其内在基础，而这一基础又因制度背景的差异而有所不同。这就为中国治理转型中的政府结构优化提供了有意义的借鉴。尽管在赶超型现代化进程中，经济发展目标实施的优先性在短期内并不会发生根本改变，国家仍将决定经济社会的总体方向，但局部的优化仍是可能的，并存在多种走出当前次优结构安排的路径。长期以来，无论是改革实践，还是学术研究，都将重点置于"中央""地方"，特别是基层政府之上。相应地，"垂直管理"和"属地管理"成为非此即彼的替代选择。这即是体制调整后又往往经历大规模制度回潮的重要原因。在这个意义上，本研究所开启的新的关注视角，具有重要的理论和实践价值。

# 参考文献

## 中文文献

### 一、论文类

艾云. 上下级政府间"考核检查"与"应对"过程的组织学分析：以 A 县"计划生育"年终考核为例［J］. 社会，2011（3）：68—87.

曹正汉. 中国上下分治的治理体制及其稳定机制［J］. 社会学研究，2011（1）：1—40.

陈家建，边慧敏，邓湘树. 科层结构与政策执行［J］. 社会学研究，2013（6）：1—20.

崔志梅. 行政改革的制度环境及其限制条件［J］. 改革，2014（6）：148—157.

戴治勇，杨晓维. 间接执法成本、间接损害与选择性执法［J］. 经济研究，2006（9）：94—102.

戴治勇. 选择性执法［J］. 法学研究，2008（4）：28—35.

狄金华. 通过运动进行治理：乡镇基层政权的治理策略——对中国中部地区麦乡"植树造林"中心工作的个案研究［J］. 社会，2010（3）：83—106.

冯仕政. 法治、政治与中国现代化 [J]. 学海, 2011b (4): 100—107.

冯仕政. 中国国家运动的形成与变异：基于政体的整体性解释 [J]. 开放时代, 2011a (1): 73—97.

韩博天. 通过试验制定政策：中国独具特色的经验 [J]. 当代中国史研究, 2010 (3): 103—112.

贺东航, 孔繁斌. 公共政策执行的中国经验 [J]. 中国社会科学, 2011 (5): 61—79.

黄晓春, 嵇欣. 非协同治理与策略性应对——社会组织自主性研究的一个理论框架 [J]. 社会学研究, 2014 (6): 98—123.

黄宗智. 改革中的国家体制：经济奇迹和社会危机的同一根源 [J]. 开放时代, 2009 (4): 75—82.

康晓光, 韩恒. 分类控制：当前中国大陆国家与社会关系研究 [J]. 开放时代, 2008 (2): 30—41.

练宏. 激励设计、上下级互动和政企关系 [J]. 公共行政评论, 2013 (1): 156—167.

练宏. 注意力竞争：一个政府行为的结构解释 [D]. 未刊稿.

欧阳静. "维控型"政权：多重结构中的乡镇政权特性 [J]. 社会, 2011 (3): 42—67.

欧阳静. 运作于压力型科层制与乡土社会之间的乡镇政权——以桔镇为研究对象 [J]. 社会, 2009 (5): 39—63.

强世功. "法律不入之地"的民事调解——一起"依法收贷"案的再分析 [J]. 比较法研究, 1998 (3): 47—59.

强世功. 惩罚与法治：中国刑事实践的法社会学分析（1976—1982）[D]. 北京：北京大学法学系, 1999.

强世功. 法制的观念与国家治理的转型——中国的刑事实践（1976—1982 年）[J]. 战略与管理, 2000 (4): 56—62.

渠敬东, 周飞舟, 应星. 从总体支配到技术治理——基于中国 30

年改革经验的社会学分析 [J]. 中国社会科学, 2009 (6): 104—127.

渠敬东. 项目制: 一种新的国家治理体制 [J]. 中国社会科学, 2012 (5): 113—130.

渠敬东. 占有、经营与治理: 乡镇企业的三重分析概念(上) 重返经典社会科学研究的一项尝试 [J]. 社会, 2013 (1): 1—37.

冉冉. "压力型体制"下的政治激励与地方环境治理 [J]. 经济社会体制比较, 2013 (3): 111—118.

苏力. 法律社会学调查中的权力资源——一个社会学调查过程的反思 [J]. 社会学研究, 1998 (6): 31—40.

苏力. 为什么"送法上门"? [J]. 社会学研究, 1998 (2): 47—57.

孙立平, 王汉生, 王思斌, 等. 改革以来中国社会结构的变迁 [J]. 中国社会科学, 1994 (2): 47—62.

孙立平. "过程—事件分析"与当代中国国家—农民关系的实践形态 [D]//清华大学社会学系《清华社会学评论·特辑》, 2000.

唐皇凤. 组织化调控: 社会转型的中国经验 [J]. 江汉论坛, 2012 (1): 94—98.

王汉生, 王一鸽. 目标管理责任制: 农村基层政权的实践逻辑 [J]. 社会学研究, 2009 (2): 61—92.

吴晓林. "小组政治"研究: 内涵、功能与研究展望 [J]. 求实, 2009 (3): 64—69.

徐勇, 黄辉祥. 目标责任制: 行政主控型的乡村治理及绩效——以河南 L 乡为个案 [J]. 学海, 2002 (1): 10—15.

荀丽丽, 包智明. 政府动员型环境政策及其地方实践——关于内蒙古 S 旗生态移民的社会学分析 [J]. 中国社会科学, 2007

(5):114—128.

杨宏星,赵鼎新. 绩效合法性与中国经济奇迹 [J]. 学海,2013(3):16—32.

杨瑞龙,周业安. 相机治理与国有企业监控 [J]. 中国社会科学,1998(3):4—17.

杨善华,苏红. 从"代理型政权经营者"到"谋利型政权经营者"——向市场经济转型背景下的乡镇政权 [J]. 社会学研究,2002(1):17—24.

姚洋. 中性政府:对转型期中国经济成功的一个解释 [J]. 经济评论,2009(3):32—41.

张静. 土地使用规则的不确定:一个解释框架 [J]. 中国社会科学,2003(1):113—124.

赵树凯. 基层政府:体制性冲突与治理危机 [J]. 人民论坛,2014(15):46—51.

赵晓力. 通过法律的治理:中国基层法院研究 [D]. 北京:北京大学法学院,1999.

折晓叶,陈婴婴. 项目制的分级运作机制和治理逻辑——对"项目进村"案例的社会学分析 [J]. 中国社会科学,2011(4):126—148.

折晓叶. 县域政府治理模式的新变化 [J]. 中国社会科学,2014(1):121—139.

制度与结构变迁研究课题组. 作为制度运作和制度变迁方式的变通 [J]. 中国社会科学季刊,1997年冬季号.

周飞舟. 财政资金的专项化及其问题:兼论"项目治国" [J]. 社会,2012(1):1—37.

周飞舟. 大兴土木:土地财政与地方政府行为 [J]. 经济社会体制比较,2010(3):77—89.

周飞舟. 分税制十年:制度及其影响 [J]. 中国社会科学,2006

(6): 100—115.

周飞舟. 锦标赛体制 [J]. 社会学研究, 2009 (3): 54—77.

周飞舟. 生财有道：土地开发和转让中的政府和农民 [J]. 社会学研究, 2007 (1): 49—82.

周黎安. 再论行政发包制：对评论人的回应 [J]. 社会, 2014 (6): 98—113.

周黎安. 中国地方官员的晋升锦标赛模式研究 [J]. 经济研究, 2007 (7): 36—50.

周其仁. 农地产权与征地制度——中国城市化面临的重大选择 [J]. 经济学（季刊）, 2004 (4): 193—210.

周雪光, 练宏. 政府内部上下级部门间谈判的一个分析模型——以环境政策实施为例 [J]. 中国社会科学, 2011 (5): 80—96.

周雪光, 练宏. 中国政府的治理模式：一个"控制权"理论 [J]. 社会学研究, 2012 (5): 69—93.

周雪光, 赵伟. 英文文献中的中国组织现象研究 [J]. 社会学研究, 2009 (6): 145—186.

周雪光. "逆向软预算约束"：一个政府行为的组织分析 [J]. 中国社会科学, 2005 (2): 132—143.

周雪光. 基层政府间的"共谋现象"——一个政府行为的制度逻辑 [J]. 开放时代, 2009 (12): 40—55.

周雪光. 权威体制与有效治理：当代中国国家治理的制度逻辑 [J]. 开放时代, 2011 (10): 67—85.

周雪光. 通往集体债务之路：政府组织、社会制度与乡村中国的公共产品供给 [J]. 公共行政评论, 2012 (1): 46—77.

周雪光. 西方社会学关于中国组织与制度变迁研究状况述评 [J]. 社会学研究, 1999 (4): 28—45.

周雪光. 运动型治理机制：中国国家治理的制度逻辑再思考

[J]．开放时代，2012（9）：5—125．

周雪光．组织规章制度与组织决策［J］．北京大学教育评论，2010（3）：2—23．

# 二、著作类

昂格尔．现代社会中的法律［M］．吴玉章，译．北京：中国政法大学出版社，1997．

丁学良．辩论"中国模式"［M］．北京：社会科学文献出版社，2011．

黄亚生．"中国模式"到底有多独特［M］．北京：中信出版社，2011．

梁治平．清代习惯法：社会与国家［M］．北京：中国政法大学出版社，1996．

皮斯托，许成钢．不完备法律［M］//吴敬琏．比较：第3、4辑．汪辉敏，译．北京：中信出版社，2002．

强世功，赵晓力．双重结构化下的法律解释：来自中国法官的经验［M］//梁治平．法律解释问题．法律出版社，1998．

强世功．法律是如何实践的——一起乡村民事调解案的分析［M］//王斯福，王铭铭．乡土社会的秩序、公正与权威．北京：中国政法大学出版社，2001．

强世功．法制与治理——国家转型中的法律［M］．北京：中国政法大学出版社，2003．

荣敬本．从压力型体制向民主合作制的转变：县乡两级政治体制改革［M］．北京：中央编译出版社，1998．

苏力．送法下乡——中国基层司法制度研究［M］．北京：北京大学出版社，2011．

孙立平,郭于华."软硬兼施":正式权力非正式运作的过程分析——华北B镇收粮的个案研究[M]//清华大学社会学系.清华社会学评论·特辑.厦门:鹭江出版社,2000.

王绍光,胡鞍钢.中国国家能力报告[M].香港:牛津大学出版社,1994.

吴毅.小城喧嚣:一个乡镇政治运作的演绎与阐释[M].北京:生活·读书·新知三联书店,2007.

应星.大河移民上访的故事[M].北京:生活·读书·新知三联书店,2001.

詹姆斯·R.汤森,布兰特利·沃马克.中国政治[M].董方,顾速,译.江苏:江苏人民出版社,2010.

张静.基层政权——乡村制度诸问题(增订本)[M].上海:上海人民出版社,2007.

招汝基,邓俭,李允冠,等.先行者的30年——追寻中国改革的顺德足迹[M].北京:新华出版社,2008.

赵树凯.乡镇治理与政府制度化[M].北京:商务印书馆,2011.

郑永年.中国模式——经验与困局[M].杭州:浙江人民出版社,2010.

周黎安.转型中的地方政府:官员激励与治理[M].上海:格致出版社,2008.

周望.中国"小组机制"研究[M].天津:天津人民出版社,2010.

邹谠.二十世纪中国政治——从宏观历史与微观行动角度看[M].香港:牛津大学出版社,1994.

## 三、会议文件

保发展保红线工程 2013 年行动方案, 国土资发〔2013〕40 号.
关于合并村和村委会改居委会设置的实施细则, 顺办发〔2001〕25 号.
关于加强土地调控有关问题的通知, 国土资发〔2006〕31 号.
关于调整工业用地出让最低价标准实施政策的通知, 国土资发〔2009〕56 号.
关于调整省以下国土资源主管部门干部管理体制的通知, 组通字〔2004〕22 号.
关于完善设施农用地管理有关问题的通知, 国土资发〔2010〕155 号.
关于印发顺德区工业用地公开交易办法的通知, 顺府办发〔2010〕165 号.
关于做好省级以下国土资源管理体制改革有关问题的通知, 国发〔2004〕12 号.
广东省集体建设用地使用权流转管理办法, 广东省人民政府令第 100 号.
广东省征收农村集体土地留用地管理办法, 粤府办〔2009〕41 号.
国务院办公厅关于建立国家土地督察制度有关问题的通知, 国办发〔2006〕50 号.
国务院关于深化改革严格土地管理的决定, 国发〔2004〕28 号.
全国工业用地出让最低价标准, 国土资发〔2006〕307 号.
S 区国土城建和水利局主要职责内设机构和人员编制规定, 2013.
顺德区关于推动骨干企业做大做强扶持办法, 顺府发〔2013〕

18号.

顺德区规范集体留用地管理暂行办法,顺府办发〔2011〕25号.

顺德区人民政府办公室关于进一步完善土地执法共同责任制的通知,顺府办发〔2012〕160号.

违反土地管理规定行为处分办法,监察部、人力资源和社会保障部、国土资源部令第15号.

中共广东省委、广东省人民政府关于佛山市顺德区开展综合改革试验工作的批复,粤委〔2009〕35号.

中共顺德市委、顺德市人民政府关于进一步深化农村体制改革的决定,顺发〔2001〕13号.

# 英文文献

## 一、论文类

AGHION, PHILIPPE, PATRICK REY, et al. Transferable Control [J]. Journal of the European Economic Association, 2004 (2): 115—138.

AKERLOF, GEORGE A. Procrastination and Obedience [J]. American Economic Review, 1991 (81).

ALCHIAN, ARMEN A, HAROLD DEMSETZ. Production, Information Costs, and Economic Organization [J]. American Economic Review, 1972 (62): 777—795.

ALCHIAN, ARMEN A. Uncertainty, Evolution, and Economic Theory [J]. Journal of Political Economy, 1950 (58): 211—221.

ANDREAS, J. The Structure of Charismatic Mobilization: A Case Study of Rebellion During the Chinese Cultural Revolution [J]. American Sociological Review, 2007 (72): 434—458.

BAIMAN, STANLEY. Agency Research in Managerial Accounting [J]. Journal of Accounting Literature, 1982 (1): 154—213.

BAKER, GEORGE, ROBERT GIBBONS, et al. Informal Authority in Organizations [J]. Journal of Law, Economics and Organization, 1999 (15): 56—73.

BARDHAN, P. Irrigation and Cooperation: An Empirical Analysis of 48 Irrigation Communities in South India [J]. Economic Development and Cultural Change, 2000 (48).

BLAU, PETER M. The Hierarchy of Authority in Organizations [J]. American Journal of Sociology, 1968 (73).

CAI, HONGBIN, DANIEL TREISMAN. Did Government Decentralization Cause China's Economic Miracle [J]. World Politics, 2006 (58).

DE MESQUITA, BRUCE BUENO, W. GEORGE. DOWNS. Development and Democracy [J]. Foreign Affairs, 2005 (84).

DEWATRIPONT, MATHIAS, IAN JEWITT, ET AL. The Economics of Career Concerns, Part II: Application to Missions, Accountability of Government Agencies [J]. Review of Economic Studies, 1999 (66).

DICKSON, BRUCE J. Integrating Wealth, Power in China—The Communist Party's Embrace of the Private Sector [J]. China Quarterly, 2007 (192).

DING, X L. Institutional Amphibiousness and the Transition from Communism: The Case of China [J]. British Journal of Political Science, 1994 (24).

FRANT, HOWARD. High-powered and Low-powered Incentives in the Public Sector [J]. Journal of Public Administration Research and Theory, 1996 (6): 365—381.

HART, OLIVER, ANDREI SHLEIFER, ROBERT VISHNY. The Proper Scope of Government: Theory and an Application to Prisons [J]. Quarterly Journal of Economics, 1997 (112): 1127—1161.

HAYEK, FRIEDRICH. The Use of Knowledge in Society [J]. American Economic Review, 1945 (35).

HAUBRICH, JOSEPH G, JOSEPH A. RITTER. Commitment As Irreversible Investment [N]. Federal Reserve Bank of St. Louis. Working Paper, 1995.

HOLMSTROM, B R. Moral Hazard and Observability [J]. Bell Journal of Economics, 1979 (10): 74—91.

HOLMSTROM, BENGT, PAUL MILGROM. Multitask Principal—Agent Analyses: Incentive Contracts, Asset Ownership and Job Design [J]. Journal of Law, Economics and Organization, 1991 (7).

HOLMSTROM, BENGT, PAUL MILGROM. The Firm as an Incentive System [J]. American Economic Review, 1994 (84): 972—991.

HOLMSTROM, BENGT. Managerial Incentives Problems: A Dynamic Perspective [J]. Review of Economic Studies, 1999 (1): 169—182.

JIN, HEHUI, YINGYI QIAN, BERRY WEINGAST. Regional Decentralization and Fiscal Incentives: Federalism, Chinese Style [J]. Journal of Public Economics, 2005 (89): 1719—1742.

KAHNEMAN, D, A. TVERSKY. On The Psychology of Prediction

[J]. Psychological Review, 1973 (80): 237—251.

KENNEDY, SCOTT. The Myth of the Beijing Consensus [J]. Journal of Contemporary China, 2010 (65): 461—477.

KORNAI, JANOS. The Hungarian Reform Process [J]. Journal of Economic. Journal of Economic Literature, 1986 (24): 1687—1737.

LI, HONGBIN, LI-AN ZHOU. Political Turnover and Economic Performance: The Incentive Role of Personnel Control in China [J]. Journal of Public Economics, 2005 (89): 1743—1762.

LIN, NAN. Local Market Socialism, Local Corporatism in Action in Rural China [J]. Theory and Society, 1995 (24).

LINDBLOM, CHARLES E. Still Muddling, Not Yet Through [J]. Public Administration Review, 1979 (11): 517—526.

LINDBLOM, CHARLES E. The Science of "Muddling Through" [J]. Public Administration Review, 1959 (19): 79—88.

LORENTZEN, PETER L. Regularized Rioting: The Strategic Toleration of Public Protest in China [J]. Working Paper, Department of Political Science, University of California, Berkeley, 2008.

LU, X B. Booty Socialism, Bureau-preneurs, and the State in Transition: Organizational Corruption in China [J]. Comparative Politics, 2000 (3): 273—294.

MEYER, JOHN W, BRIAN ROWAN. Institutionalized Organizations: Formal Structure as Myth and Ceremony [J]. American Journal of Sociology, 1977 (83): 63—340.

MOE, TERRY. Political Institutions: The Neglected Side of the Story [J]. Journal of Law, Economics, and Organization, 1990 (6): 213—253.

MOE, TERRY. The New Economics of Organization [J]. American

Journal of Political Science, 1984 (28): 739—777.
MONTINOLA, G, YINGYI QIAN, BERRY WEINGAST. Federalism, Chinese Style: the Political Basis for Economic Success in China [J]. World Politics, 1995 (48): 50—81.
MYERSON, R B. Incentive Compatibility and the Bargaining Problem [J]. Econometrica, 1979 (47): 61—74.
NATHAN, A J. Present at the Stagnation: Is China's Development Stalled? [J]. Foreign Affairs, 2006 (85).
NAUGHTON, BARRY. China's Distinctive System: Can It Be a Model for Others? [J]. Journal of Contemporary China, 2010 (65): 437—460.
NAUGHTON, BARRY. How Much Can Regional Integration Do to Unify China's Markets? [D]. San Francisco: Stanford University, 1999.
NEE, VICTOR. Organizational Dynamics of Market Transition: Hybrid Forms, Property Rights, and Mixed Economy in China [J]. Administrative Science Quarterly, 1992 (37): 1—27.
O'BRIEN, KEVIN J, LIANJIANG LI. Selective Policy Implementation in Rural China [J]. Comparative Politics, 1999 (31): 167—186.
OI, JEAN. Fiscal Reform and the Economic Foundation of Local State Corporatism in China [J]. World Politics, 1992 (45): 99—126.
PADGETT, JOHN F. Bounded Rationality in Budgetary Research [J]. American Political Science Review, 1980 (74): 354—372.
PADGETT, JOHN F. Managing Garbage Can Hierarchies [J]. Administrative Science Quarterly, 1980 (25): 583—604.

PERRY, E J. Studying Chinese Politics: Farewell to Revolution [J]. The China Journal, 2007 (57).

QIAN, YINGYI, BERRY WEINGAST. Federalism as a Commitment to Preserving Market Incentives [J]. The Journal of Economic Perspectives, 1997 (10): 4.

QIAN, YINGYI, GERARD ROLAND, CHENGGANG XU. Why Is China Different from Eastern Europe? Perspectives from Organization Theory [J]. European Economic Review, 1999 (43): 1085—1094.

SAICH, T. Negotiating the State: The Development of Social Organizations in China [J]. The China Quarterly, 2000 (161).

SHAVELL, S. Risk Sharing and Incentives in the Principal and Agent Relationship [J]. Bell Journal of Economics, 1979 (10): 55—73.

SHEPSLE, KENNETH A. Discretion, Institutions, and the Problem of Government Commitment [D]. Chicago: The University of Chicago Press, 1989.

SIMON, HERBERT A. A Behavioral Model of Rational Choice [J]. Quarterly Journal of Economics, 1955 (69): 99—118.

TAJFEL, H, C. FLAMENT, M. G. BILLIG, ET AL. Social Categorization and Intergroup Behavior [J]. European Journal of Social Psychology, 1971 (1): 149—177.

TIEBOUT, C M. A Pure Theory of Local Expenditure [J]. Journal of Politics Economy Issue, 1956 (64).

WALDER, ANDREW G. Local Governments As Industrial Firms [J]. American Journal of Sociology, 1995 (101): 263—301.

WALDRON, A. After Deng the Deluge [J]. Foreign Affairs. 1995 (74): 148—153.

WANG, S G. Regulating Death at Coalmines: Changing Mode of Governance in China [J]. Journal of Contemporary China, 2006 (15).

WEICK, KARL E. Educational Organizations as Loosely Coupled Systems [J]. Administrative Science Quarterly, 1976 (21): 1—19.

WEINGAST, BARRY R. The Political Institutions of Representative Government [N]. Working Paper in Political Science, The Hoover Institution, Stanford University, 1989.

WHITE, G. Prospects for Civil Society in China: A Case Study of Xiaoshan City [J]. The Australian Journal of Chinese Affairs, 1993 (29).

WILLIAMSON, OLIVER E. Public and Private Bureaucracies: A Transaction Cost Economics Perspective [J]. Journal of Law, Economics, Organization, 1999 (15): 306—342.

WILLIAMSON, OLIVER E. The Modern Corporation: Origins, Evolution, Attributes [J]. Journal of Economic Literature, 1981 (19): 1537—1568.

ZHAO, SUISHENG. The China Model: Can It Replace the Western Model of Modernization? [J]. Journal of Contemporary China, 2010 (65): 419—436.

ZHOU, XUEGUANG, LIAN HONG, LEONARD ORLOLANO, YINYU YE. A Behavioral Model of "Muddling Through" in the Chinese Bureaucracy: The Case of Environmental Protection [J]. China Journal, 2013 (70).

## 二、著作类

ARENDT, H. The Origins of Totalitarianism [M]. London: G. Allen & Unwin, 1958.

BLAU, PETER M. The Dynamics of Bureaucracy: A Study of Interpersonal Relations in Two Government Agencies [M]. Chicago: University of Chicago Press, 1955.

BRENNAN, G, J. M. Buchanan. The Power to Tax: Analytical Foundations of a Fiscal Constitution [M]. Cambridge: Cambridge University Press, 1980.

CHANG, G. The Coming Collapse of China [M]. New York: Random House, 2001.

CRECINE, J P. Governmental Problem-Solving [M]. Chicago: Markham, 1969.

CROZIER, MICHEL. The Bureaucratic Phenomenon [M]. Chicago: University of Chicago Press, 1964.

DOUGLAS, M. How Institutions Think [M]. New York: Syracuse University Press, 1986.

DOWNS, ANTHONY. Inside Bureaucracy [M]. Boston: Little, Brown, 1967.

DUNLEVY, P. Democracy, Bureaucracy and Public Choice [M]. New York: Prentice Hall, 1992.

FOUCAULT, MICHEAL. On Popular Justice: A Discussion with Maoists [M]//COLIN GORDON. Power/Knowledge: Selected Interviews and Other Writings (1972—1977). Sussex: Harvester Press, 1980.

FOX, JONATHAN. The Politics of Food in Mexico [M]. Ithaca: Cornell University Press, 1993.

GOULDNER, A W. Patterns of Industrial Bureaucracy [M]. Glencoe, IL: Free Press, 1954.

HOLBIG, H. The Party and Private Entrepreneurs in PRC [M]// K. E. BRODSGAARD, Y. ZHENG. Bring the Party Back in: How China Is, Governed. Singapore: Marshall Cavendish International Private Lt. 2004.

JENSEN, MICHAEL, H. WILLIAM. Meckling. Specific and General Knowledge, and Organizational Structure [M]//L. WERIN, H. WIJKANDER. Contract Economics. Oxford: Blackwell, 1990.

LIEBERTHAL, K, MICHEL OKSENBERG. Policymaking in China: Leaders, Structures, and Processes [M]. Princeton: Princeton University Press, 1988.

LIEBERTHAL, K, DAVID M. LAMPTON. Bureaucracy, Politics and Decision Making in Post-Mao China [M]. Berkeley and Los Angeles: University of California Press, 1992.

LITVACK, J, J. AHMAD, R. BIRD. Rethinking Decentralization [M]. Washington, D. C. : World Bank, 1998.

MA, JUN. Intergovernmental Relations and Economic Management in China [M]. New York: St. Martin's Press, 1997.

MARCH, J G, J. P. OLSEN. Ambiguity and Choice in Organizations [M]. Bergen: Universitetsforlaget, 1979.

MARCH, J G, J. P. OLSEN. Rediscovering Institutions: The Organizational Basis of Politics [M]. New York: Free Press, 1989.

MARCH, JAMES G, HERBERT SIMON. Organizations [M]. New York: Free Press, 1958.

MAUSS, M. The Gift: The Form and Reason for Exchange in Archaic Societies [M]. New York: Norton, 1990.

MERTON, R K. Bureaucratic Structure and Personality [M]//R. K. MERTON. Social Theory and Social Structure Chap. 8. New York: Free Press, 1957.

MIGDAL, J S. State in Society: Studying How States and Societies Transform and Constitute One Another [M]. Cambridge: Cambridge University Press, 2001.

MILGROM, PAUL, JOHN ROBERTS. Economics, Organization, and Management [M]. Englewood Cliffs, N. J.: Prentice Hall, 1992.

MITNICK, BARRY M. The Political Economy of Regulation [M]. New York: Columbia University Press, 1980.

MOE, TERRY. The Politics of Bureaucratic Structure [M]//John E. Chubb, Paul E. Peterson. Can the Government Govern?. Washington, D. C.: The Brookings Institution, 1989.

MOE, TERRY. The Politics of Structural Choices: Toward A Theory of Public Bureaucracy [M]//OLIVER E. WILLIAMSON. Organization Theory: From Chester Barnard to the Present and Beyond. New York: Oxford University Press, 1990.

OATES, W E. Fiscal Federalism [M]. New York: Harcourt Brace Jovanovich, 1972.

OECD. China in the Global Economy: Governance in China [M]. Paris: OECD Publisher, 2005.

OI, JEAN. State and Peasant in Contemporary China: The Political Economy of Village Government [M]. Berkeley: University of California Press, 1989.

ORTS, E W. Conflict of Interest on Corporate Boards [M]//M. DA-

VIS, A. STARK. Conflict of Interest in the Professions. Oxford, UK: Oxford University Press, 2001.

PERROW, C. Complex Organizations (3rd ed.) [M]. New York: Random House, 1986.

POLANYI, K. The Great Transformation [M]. Boston: Beacon Press, 1957 [1944].

RAMO, JOSHUA C. The Beijing Consensus [M]. London: The Foreign Policy Centre, 2004.

SHUE, V. State Sprawl: The Regulatory State and Social Life in a Small Chinese City [M]//DEBORAH DAVIS, BARRY NAUGHTON, ELIZABETH PERRY, ET AL. Urban Spaces in Contemporary China: The Potential for Autonomy and Community in Post-Mao China. New York: Cambridge University Press, 1995.

SPENCE, MICHAEL. Market Signaling [M]. Cambridge: Harvard University Press, 1974.

STEINBRUNER, JOHN D. The Cybernetic Theory of Decision [M]. Princeton: Princeton University Press, 1974.

STINCHCOMBE, ARTHUR L. Social Structure and Organizations [M]//J. G. MARCH. Handbook of Organizations. Chicago: Rand McNally, 1965.

TOWNSEND, J. Political Participation in Communist China [M]. Berkeley: University of California Press, 1969.

UNGER, J. Rich Men, Poor Men: The Making of New Classes in the Countryside [M]//DAVID GOODMAN, BEVERLEY HOPPER. China's Quiet Revolution: New Interactions Between State and Society. New York: St. Martin's Press, 1994.

VOGEL, EZRA F. Political Bureaucracy: Communist China [M]//

L. J. COHEN, J. P. SHPIRO. Communist Systems in Comparative Perspective. New York: Anchor Press, 1974.

WHITE, G, JUDE HOWELL, XIAOYUAN SHANG. In Search of Civil Society: Market Reform and Social Change in Contemporary China [M]. New York: Oxford University Press, 1996.

WHITING, S. Power and Wealth in Rural China: The Political Economy of Institutional Change [M]. Cambridge: Cambridge University Press, 2001.

WHYTE, M K. Chinese Social Trends: Stability or Chaos [M]// DAVID SHAMBAUGH. Is China Unstable: Assessing the Factors. Armonk, New York: M. E. Sharpe, 2000.

WILDAVSKY, AARON B. The Politics of the Budgetary Process [M]. Boston: Little, Brown, 1964.

WILLIAMSON, OLIVER E. Markets and Hierarchies: Analysis and Antitrust Implications [M]. New York: Free Press, 1975.

WILSON, JAMES Q. Bureaucracy: What Government Agencies Do and Why They Do It [M]. New York: Basic Book, 1989.

WONG, C, C. HEADY, W. Woo. Fiscal Management and Economic Reform in the People's Republic of China [M]. Hong Kong: Oxford University Press, 1995.

ZHENG, Y. Interest Representation and the Transformation of the Chinese Communist Party [M]//K. E. BRODSGAARD, Y. ZHENG. Bring the Party Back in: How China is Governed. Singapore: Marshall Cavendish International Private Lt., 2004.

# 附　　录

## 访谈对象名单

| 序号 | 工作机构 | 访谈对象/职务 | 访谈时间 |
|---|---|---|---|
| 1 | 国家土地督察 G 局 | D 办公室主任 | 2012 年 12 月 25 日<br>2014 年 11 月 6 日 |
| 2 | G 市房地产研究中心 | X 主任 | 2014 年 11 月 6 日 |
| 3 | M 市国土资源局 | K 局长 | 2014 年 11 月 6 日 |
| 4 | S 区区委区政府 | L 书记 | 2014 年 1 月 24 日 |
| 5 | S 区人力资源和社会保障局 | L 科员 | 2013 年 11 月 21 日 |
| 6 | S 区发展规划和统计局 | L 副局长 | 2013 年 11 月 13 日 |
| 7 | S 区国土城建和水利局 | M 副局长 | 2013 年 11 月 13 日<br>2013 年 11 月 22 日<br>2013 年 11 月 27 日 |
| 8 | S 区 C 镇国土城建和水利局 | Z 科员 | 2013 年 11 月 21 日 |
| 9 | S 区 B 镇国土城建和水利局 | L 科员 | 2013 年 11 月 21 日 |
| 10 | S 区 L 街国土城建和水利局 | W 科员 | 2013 年 11 月 21 日 |
| 11 | S 区 R 街国土城建和水利局 | L 股长 | 2014 年 1 月 2 日 |

续上表

| 序号 | 工作机构 | 访谈对象/职务 | 访谈时间 |
| --- | --- | --- | --- |
| 12 | S区国土城建和水利局规划和耕地保护科 | Y科长,<br>L办事员,<br>Z科员,<br>L科员 | 2013年11月13日<br>2013年12月20日<br>2013年1月7日<br>2013年1月13日<br>2013年1月22日<br>2013年11月27日 |
| 13 | S区国土城建和水利局土地利用科 | X科长,<br>Z副科长,<br>L科员,<br>H科员 | 2013年11月20日<br>2013年11月21日<br>2013年11月22日<br>2013年11月27日<br>2014年1月16日 |
| 14 | S区国土城建和水利局政策法规科 | L科长 | 2013年11月21日<br>2013年11月22日 |
| 15 | S区国土城建和水利局土地市场科 | L科长,<br>L副科长,<br>L科员,<br>Z科员,<br>C科员 | 2013年12月10日<br>2013年12月12日<br>2013年12月17日<br>2013年12月18日<br>2013年12月31日<br>2014年1月6日<br>2014年1月10日<br>2014年1月20日 |
| 16 | S区国土城建和水利局执法科 | S副科长,<br>W科员,<br>L科员 | 2013年12月19日<br>2013年12月23日<br>2013年12月25日<br>2013年12月30日 |

续上表

| 序号 | 工作机构 | 访谈对象/职务 | 访谈时间 |
|---|---|---|---|
| 17 | S区土地储备发展中心 | Y主任，F部长，T部长，L部长，C办事员，C科员 | 2014年1月2日<br>2014年1月10日<br>2014年1月13日<br>2014年1月16日<br>2014年1月17日 |
| 18 | S区监察室 | F主任，C科员 | 2014年1月17日<br>2014年1月23日 |

# 后　　记

　　转眼间，博士毕业将近三年。还记得当年报考中山大学复试回校后的情景，同学们都兴奋地围着我问有没有亲眼见到夏老——中国行政管理学泰斗，一位德高望重而又极其睿智的长者。岁月轮回，如今博士学位论文受河北经贸大学学术著作出版基金资助有幸在中山大学出版社付梓，不禁感慨万千。

　　回忆在中山大学的求学生涯，痛并快乐着！母校于我，犹如一座大的熔炉，我在这里经历了浴火重生的过程，造就了基本的学术功底。曾经的我，失落迷茫过，困在原地找不到方向；也辗转徘徊其中，想挣扎却无法自拔。就那样绝望渴望着，亦哭亦笑平凡着。直到我真正明白什么叫"有趣"的研究，并矢志不渝地投身其中。

　　工作后，"博学、审问、慎思、明辨、笃行"的校训仍铭刻在心，使我在面对系列重要选择时，并不那么局促。但我也深深知道，学术生涯刚刚开始，自己仍有着种种不足。只是此时的我，并不那么害怕。不断地磨炼自己，活出生命的长度与宽度，是每个有理想的人所应该追求的。谨以此自勉！

　　本书为作者2019年承担的河北省社会科学基金项目"省级政府权力结构对治理能力的影响效果及作用机制研究"（项目编号：HB19GL049）成果，特此感谢！

崔志梅<br>
2019年7月1日